그래서, 동의가 뭐야?

따뜻한 지혜, 인문 Pick! ①
그래서, 동의가 뭐야?

글 저스틴 행콕 | 그림 푸크시아 맥커리 | 옮김 김정은

펴낸날 2021년 7월 7일
펴낸이 김주한 | 책임편집 조연진 | 마케팅 김민석 | 디자인 자자주
펴낸곳 픽 | 출판등록 제406-251002015000039호
제조국 대한민국 | 사용연령 8세 이상
주소 (10881) 경기도 파주시 회동길 471(문발동) 몽스패밀리Bd. 302호

ISBN 979-11-87903-73-4 74190
ISBN 979-11-87903-72-7 74080(세트)

이 책을 무단 복사, 복제, 전재하는 것은 저작권법에 저촉됩니다.
※ 잘못된 책은 서점에서 바꾸어 드립니다.

Peak을 향한 Pick_픽 은 <잇츠북>의 교양서 브랜드입니다.

CAN WE TALK ABOUT CONSENT?
Text © 2021 Justin Hancock.
Illustrations © 2021 Fuchsia MacAree.
First Published in 2021 by Frances Lincoln Children's Books,
an imprint of The Quarto Group.

Korean translation copyright © 2021 by It's Book Publishing Co.
This Korean edition published by arrangement with The Quarto Group through YuRiJang Literary Agency.

이 책의 한국어판 저작권은 유리장 에이전시를 통해 저작권자와 독점 계약한 잇츠북에 있습니다.
저작권법에 의하여 한국 내에서 보호를 받는 저작물이므로 무단 전재 및 복제를 금합니다.

그래서, 동의가 뭐야?

콕 집어 말로 하기 애매하지만
꼭 나누어야 할 이야기

저스틴 행콕 글·푸크시아 맥커리 그림·김정은 옮김

픽

차례

시작하는 글 _ 6

1장　피자를 먹으러 가서 _ 14
2장　자유롭게 선택할 수 있는 힘 _ 20
3장　다른 사람들과 함께할 때 _ 30
4장　질문하고 요청하는 법 _ 36
5장　거절에 대하여 _ 46
6장　동의하며 인사하기 _ 60
7장　성에 대하여 _ 70

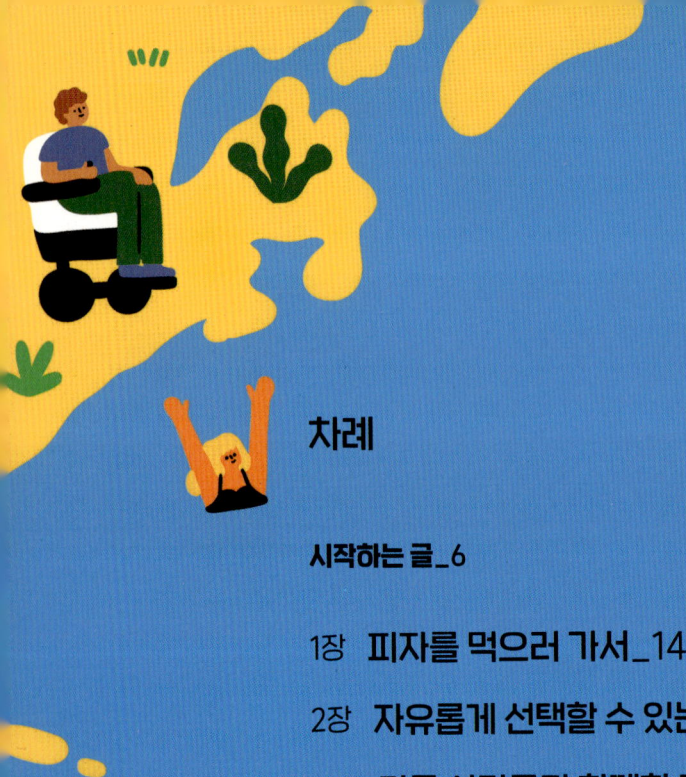

8장 **별로야, 하지 말자**_106

9장 **집단에서의 동의**_118

10장 **젠더**_128

11장 **차별이 동의를 어렵게 만드는 이유**_134

12장 **동의로 서로에게 힘 실어 주기**_144

동의를 실천하는 연습_148

개념 정리_158

작가의 말_162

안녕!

이 책을 골라 주어서 고마워. 이 책을 읽고 싶어 한다면 정말 기쁠 거야.

강요하는 건 아니야. 전적으로 네 선택에 달렸어.

읽으면 좋겠지만, 읽지 않아도 괜찮아. 그런다고 마음 상하지는 않을게.

어쩌면 조금 상할 수도 있겠지만. 뭐, 괜찮아.

'동의'는 매우 중요해. 이 책을 읽으면 동의에 대해 잘 알 수 있어. 어때, 읽고 싶지 않니?

다른 사람들은 아마 읽고 있을걸? 혼자만 안 읽으면 좀 그렇겠지?

내 말은, 네가 하고 싶은 대로 해도 된다는 거야. 하지만 그렇다고 정말 그만 읽고 싶은 건 아니지?

농담이야! 원하면 언제든 이 책을 내려놓으렴!

'동의'의 세계에 온 걸 환영해

내 이름은 저스틴이야. 난 수년 동안 동의에 대해 가르치면서 글을 쓰고 있어. 수업과 상담도 하고 있지.

이 책이 이런 질문에 대해 생각해 보고, 다른 사람과 이야기를 나누는 데에 도움이 되었으면 좋겠어.

지금까지 네가 선택해 온 것들에 대해 생각해 봐. 네가 먹고, 마시고, 입고, 보고, 읽었던 것들이 모두 너의 선택이었니? 누구랑 어떤 텔레비전 프로그램을 볼 건지 어떻게 결정했니? 누군가 너에게 오늘 뭘 할 거냐고 물어본 적이 있어? 어떤 대답을 했니? 자신이 정말 뭘 원하는지 알고 있니? 포옹이나 악수, 주먹치기로 인사해 본 적이 있어? 누가 그렇게 인사하고 싶어 했니? 성이나 인종, 계급으로 인한 차별 때문에 자유가 제한된 사람들에 관한 글을 읽어 보았니?

동의는 그리 간단한 문제가 아니야. 단지 의사를 물어보거나 '예' 또는 '아니요'라고 대답하는 걸 넘어서는 복잡한 문제이지. 동의는 간식을 사는 작은 일에서부터 인간관계를 맺는 좀 더 크나큰 일에까지 영향을 줘. 동의는 네가 너 자신에 대해 어떻게 느끼는지, 다른 사람들과 어떻게 연결되는지에 관한 거야. 이 책에서는 동의를 어떻게 실천할 것인지도 이야기하려고 해. 그래, 그중에는 성에 관한 내용도 있어. 그 이야기는 때가 되면 해 줄게.

흥미가 좀 생겼니? 책장을 넘겨 봐!

동의가 무엇일까?

동의는 정말 간단한 것이기도 해. 우리가 하고 싶지 않은 일을 누군가 우리에게 하게 하는 건 잘못된 일이야. 마찬가지로 우리가 누군가에게 그들이 하고 싶지 않은 일을 하게 하는 것도 잘못이야.

하지만 이보다는 좀 더 엄격한 기준이 필요해.

대부분의 사람들은 동의가 다른 사람에게 어떤 일에 대한 의사를 물어보는 거라고 생각해. '예, 아니요' 중 하나를 선택하게끔 말이야. 하지만 할 수 있는 대답이 '예' 또는 '아니요'뿐이라면, 그 사람은 정말 자유롭게 선택할 수 있을까? 어떻게 대답해야 할지 잘 모르지만, 답을 해야 한다는 부담감에 대답을 한다면? 상대방의 기분을 상하게 하거나 그 사람과 헤어지게 될까 봐 두려워서 '아니요'라고 말할 수 없다면? 끝내 답을 하지 않는다면 어떻게 되는 걸까? 이처럼 동의는 의사를 물어본다고 끝나는 게 아니야.

그래서 동의가 정확히 뭐냐고?

동의하다: 자신의 선택에 따라 승낙하고 합의한다.
이때 그 선택을 할 수 있는 자유와 능력이 있어야 한다.

동의는 '자유, 선택, 합의'에 관한 거야. 그래서 단지 '예'나 '아니요'라고 말하는 것보다 복잡해. '아니요'는 항상 '아니요'를 뜻해. 하지만 '아니요'라고 말하지 않는다고 해서 '예'를 뜻하는 게 아니거든.

우리가 맺고 있는 관계를 살펴보는 일로 동의에 대한 이야기를 시작할게. 내가 원하는 게 무엇인지를 알고, 그걸 다른 사람에게 요청하는 방법을 배울 거야. 따라야 할 규칙이 많다고 느낄 수도 있어. 스스로 결정할 수 있는 힘을 가진다는 게 무슨 뜻이고 그게 왜 중요한지도 생각해 볼 거야. 다른 사람들이 원하는 바를 충족시키면서 우리가 원하는 것을 선택하려면 어떻게 해야 할까?

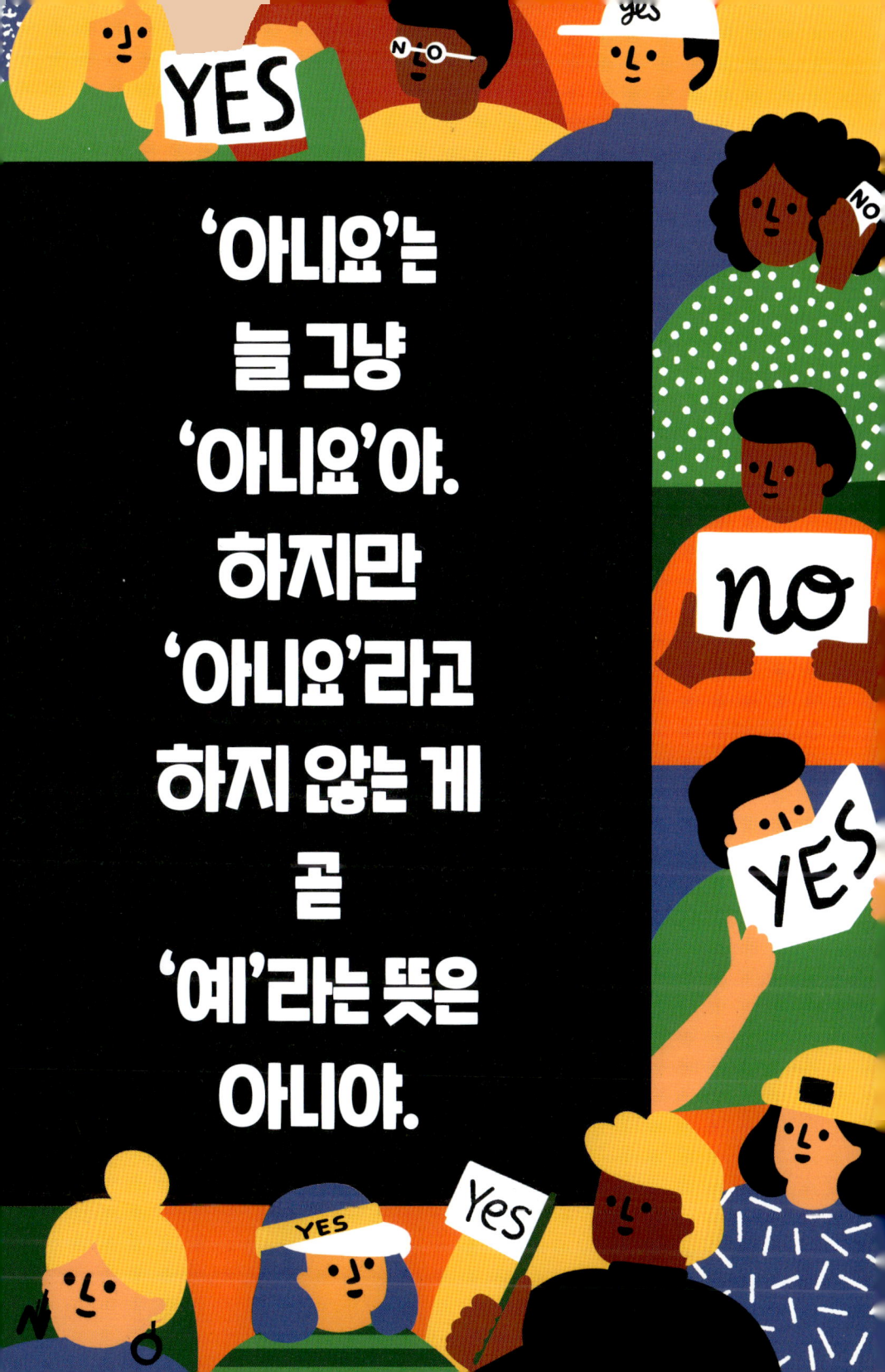

더 넓은 세계에서의 동의에 대해서도 알아볼 거야. 원하는 것을 다른 사람에게 요구할 때 어떻게 하는 게 좋은지 알아보고, 꼭 말로 하지 않고도 거절하는 방법이 있다는 사실을 이해하며, 동의를 기반으로 서로 관계를 맺는 방법을 배워 보자. 다른 사람과 소통하는 방식이 여럿이라는 것과 말하고 표현하는 방법이 얼마나 중요한지도 알게 될 거야.

동의는 하루 내내 또 매일 필요해.

어떤 사람들은 다른 사람들보다 선택하기가 더 쉬워. 이러한 일이 우리가 누구이며, 우리의 정치, 정체성, 권리와 얼마나 많이 관련되어 있는지도 살펴보도록 하자.

동의는 내가 무엇을 먹을지, 어떤 영화를 볼지, 무슨 게임을 할지를 선택하는 일과 관계가 있어. 또 인사를 어떻게 할지, 성과 관련하여 어떤 선택을 할지와도 관련이 있지.

이 책을 다 읽을 무렵이면, 자기 자신과 주변 사람들을 위해 '동의'를 실천하려고 노력하게 될 거야.

하지만 이쯤에서 다시 한번…….

이 책을 계속 읽고 싶은 게 맞니?

원치 않는다면 이 책을 다시 책꽂이에 꽂아도 좋아. 정말로 괜찮아.

−10	0	+10
읽고 싶지 않아. 책을 멀리 던져 둘래.	읽어도 좋고 안 읽어도 그만.	책에 나오는 단어 하나하나 전부 외우고 싶어.

몇 점 정도 줄래? 잠시 책을 내려놓고 생각하거나, 쭉 훑어보면서 읽고 싶은 내용인지 아닌지 살펴보렴. 일단 읽기 시작하면 푹 빠져들지도 몰라. 뭐, 아닐 수도 있고. 어쨌든 네가 원하면 언제든 이 책을 내려놓을 수 있다는 걸 기억해.

선물 받은 책이라서, 어른이 읽으라고 해서 부담을 느끼고 있다면 아래 문구를 다시 읽어 봐.

이 책을 꼭 읽을 필요는 없다.
왜인지는 이 책을 읽으면 알게 된다.

좋아! 진심으로 이 책을 읽기를 원하는 독자들, 준비됐니? 책장을 넘기자.

동의와 나

이 책의 처음은 온통
너 자신에 관한 것들이야.

안녕!

왜 '나'로부터 동의 이야기가 시작되냐고? 당연하지! 동의는 선택하는 일과 선택할 자유를 갖는 일에 관한 것이니까. 내 삶은 내 것이고 내가 선택한 것들로 이루어지니까 '나'로부터 이야기를 시작해야지. '나'로부터 동의가 시작된다는 건, 내가 원하는 게 무엇인지 살피고 필요한 걸 선택한다는 뜻이야. 그게 항상 쉬운 일은 아니지만, 연습하면 더 잘할 수 있어. 원하는 것에 대해 생각할수록 더 좋은 선택을 할 수 있거든.

괜찮아. 피자 말고 다른 모든 것에 적용할 수 있거든. 피자는 한 가지 예시일 뿐이야. 어쨌든 우리 동네 피자 가게에는 다섯 종류의 피자가 있어.

처음부터 피자를 예로 들어봤잖다고 생각했어.

네가 피자를 좋아하지 않으면 어떡하지?

진짜 동의를 위한 여지를 남겨야 우리에게 평등하지 않은 사람들이 평등하게 선택할 자유로울 수 있어. 그래야 하나 이상의 신념한 이. 이런 색으로만 해야 한다면? 파란색으로만 해야 한다면? 이런 해야 한다면? 영화해도 피자만, 한다면? 죽구를 해도 피자만, 봐야 TV를 봐도 피자만, 똑같은 것만 계속 봐야

피자가 모두 같을 필요는 없어. 돈을 더 낼 가치가 있어. 도우가 두꺼운 피자가 있고, 얇은 피자가 있어. 버섯이 올라간 피자도 있고, 토핑이 많은 피자도 있고. 모두가 같은 피자를 좋아하지 않아도 괜찮아.

14

1장
피자를 먹으러 가서

'~해야만 한다'는 표현은 꼭 그렇게 해야만 '정상'이라고 여기도록 만드는 말들을 듯해. 다른 방식으로 해도 크게 해가 되지 않는데도 말이야. '~하면 안 돼', '꼭 ~해야만 할 수 있어', '~해야 해' 같은 표현이 여기에 속해.

선택의 여지가 별로 없는 셈이지. 파인애플 피자는 없어. 자기네는 '정통 피자'만 만든다나? 이 가게에선 파인애플 피자는 '진짜' 피자가 아니라고 생각하나 봐. '정통, 진짜' 이런 걸 생각하면 피자를 선택하는 폭이 좁아져.

이제 음식이 싫잖아 내가 좋아하는 피자를 먹으려고 꽃줄에 마주 사이에 짐심에 꽃줄에 마주 샀다 딱 한 번 도 해야 한다는 건 꼭 하라는 선택하는 건 아니야. 왜냐하면 선택도.

모든 게 가능한

만약 내가 피자 가게를 연다면, 선택의 폭이 매우 넓은 피자를 만들 거야. 일단 반죽은 밀가루로 만든 것이랑 건강을 위해 글루텐을 포함하지 않은 것이 있어.

이 둘을 바탕으로 여러 스타일의 피자를 선보일 수 있지.

- 얇고 바삭바삭한 피자
- 두툼한 피자
- 이 둘의 중간쯤인 피자

이탈리아식 피자

나폴리 스타일   로마 스타일   시칠리아 스타일

미국식 피자

시카고 스타일   뉴욕 스타일

디트로이트 스타일   하와이 스타일

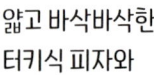

얇고 바삭바삭한 터키식 피자와   에티오피아식 피자도 있어.

 프랑스식 피자

 인도식 피자

 일본식 피자

피자 모양은 사각형이나 원형이야. 삼각형은, 미안하지만 안 돼. 만들기가 까다롭거든.

평범한 토핑은 물론이고……

치즈   올리브

피망   양파

> 선택의 폭이 너무 넓은 것 같아서 디저트는 간단한 걸로 할까 해. 디저트는 그냥…… 티라미수야.

피자 가게

소스는 토마토 소스, 마늘 오일, 바비큐 소스, 크림치즈, 사워크림을 준비했어.

소스가 전혀 없는 피자도 가능해. 많이 이상하긴 하지만.

 가지  파인애플

좀 독특한 토핑도 가능해.

 버섯  양배추  딸기

티라미수

너라면 어떤 피자를 고르겠니? 이 가게에는 메뉴가 아주 많아. 이러면 고르기가 쉽니, 어렵니? 선택 사항이 많아서 골치가 아프니? 아니면 최고의 피자를 선택하는 일이 신나고 흥분되니? 사실 난 고르는 데에 시간이 아주 오래 걸리는 편이라 그냥 가던 데 가서 먹던 걸 먹을지도 몰라.

선택의 여지가 별로 없으면 원하는 피자를 먹기가 어려워. 하지만 내가 뭘 좋아하는지, 무엇무엇이 서로 잘 어울리는지 잘 모르는 상태에서 선택 사항이 많을 때도 원하는 피자를 고르기가 어려운 건 마찬가지야. 모두가 주문하는 '평범한' 피자를 고르는 것도, 나만을 위한 특별한 피자를 고르는 것도 쉽지 않아. 중요한 건, 그게 정말 좋다면 평범하지 않더라도 바비큐 소스, 치즈, 딸기를 곁들인 네모난 피자를 고르라는 거야.

자기 자신의 목소리에 더 귀를 기울이자.

 진짜 원하는 피자를 고르려면?

진짜 원하는 피자를 고르는 방법

그래, 어쩌면 모든 게 가능한 피자 가게는 좋은 피자 가게가 아닐 수 있어. 선택해야 할 게 너무 많고, 어떻게 골라야 할지 충분하게 알려 주지 않으니까. 인기 있는 피자 가게에는, 이 정도는 아니지만 선택할 수 있는 메뉴가 많아. 입맛에 맞게 여러 가지 토핑을 고를 수도 있어. 직원이 네가 고른 반죽에 어떤 토핑이 잘 어울릴지 알려 주기도 해. 네가 원하는 만큼 선택의 여지를 가지는 건 좋은 일이야. 직접 고를 수도 있고, 네가 선택을 잘하도록 다른 사람이 도울 수도 있지.

손님이 피자를 잘 고를 수 있도록 직원들은 이렇게 질문할 거야. "못 드시는 게 있나요? 배가 많이 고프신가요? 단맛, 신맛, 쓴맛, 짠맛 또는 향이 좀 강한 자극적인 맛을 좋아하시나요? 매운맛과 순한 맛 중 어느 맛을 좋아하시나요? 새로운 메뉴에 도전해 보시겠습니까? 아니면 드시던 걸로 드릴까요?" 그런 다음 네가 질문을 듣고 천천히 고를 수 있도록 시간을 좀 주겠지. 이런 질문들은 너 자신에게 질문을 하고, 대답할 때까지 시간을 갖는 법을 가르쳐 줘.

선택했다가 후회했던 경험을 떠올려 봐. 우리 몸이 하는 말을 잘 듣고 '그걸 원해.'라고 말하는 일은 어려워. 우리는 자주 서두르곤 해. 자신의 욕구와 욕망에 귀를 기울일 시간적 여유를 갖지 않고, 진짜 원하는 것이 아니라 끊임없이 들리는 이야기에 계속 정신을 빼앗기지. 어떤 경우에는 별 이유도 없이 자신이 원하는 걸 생각하는 시간을 갖지 않아. 진짜 원하는 걸 가질 자격이 없다고 스스로 생각해서야.

우리 동네 피자 가게는 '~해야만 한다'는 제약이 있어서 고를 수 있는 메뉴가 별로 없었고, 내가 상상한 피자 가게는 고를 수 있는 메뉴가 너무 많은 데다 어떻게 골라야 할지에 대한 안내가 충분하지 않았어. 둘의 중간쯤이면 좋지 않을까? 누군가 도와준다면 우리가 진짜 원하는 걸 고를 수 있도록 스스로에게 귀 기울일 수 있을 거야.

무슨 피자 이야기가 이렇게 복잡하냐고?

피자 이야기를 이렇게 자세하게 하는 데는 이유가 있어. 내가 자주 먹는 음식이거든. 무슨 뜻인지 알겠니? 우리는 매일 많은 선택을 해. 가끔은 정말 큰 선택을 하기도 해. 예를 들어, '이 사람과 친구가 될까? 나중에 무슨 공부를 할까? 이 사람과 성관계를 맺을까?' 이런 거.

그래서 아주 작은 것부터 선택하는 연습을 해야 해. 연습할수록 우리 자신을 위한 선택을 더 빨리, 더 잘할 수 있게 될 테니까.

꾸준히 연습하면, 선택하는 능력을 향상시킬 수 있어. 어려운 말로 이걸 '내 힘과 의지로 선택하고, 나의 권리를 행사할 줄 알게 된다.'라고 해.

2장

자유롭게 선택할 수 있는 힘

원하는 대로 일이 되게끔 하는 것, 나 자신이 결정하는 것, 그렇게 할 수 있는 힘을 갖는 것, 무언가를 요청하는 것, 자유를 얻는 것, 삶에서 원하는 것을 추구하는 것. 우리 삶을 좋게 만들고, 다른 사람들의 삶도 좋게 만들기 위해 노력하는 것. 최선을 다해 최고의 삶을 사는 것. 우리에게 아주 중요한 이런 일들을 해내려면 스스로의 의지에 따라 적극적으로 그 일을 하게 해 주는 힘이 필요해.

스스로 선택하려 하지 않고 아무것도 하지 않으려 한다면, 나의 힘과 의지로 행동하는 게 아니야. 자유를 가졌다고도 할 수 없지. 아주 사소한 것이라도(예를 들어 피자처럼) 내가 원하는 걸 고를 줄 알아야 내 힘으로 살아가는 거야.

선택을 하면 할수록 선택할 수 있는 힘을 더 많이 갖게 돼.

하지만 항상 우리가 원하는 것만 할 수는 없어. 그럼 이 세상이 제대로 돌아가지 않을 거야. 그게 싫다고 세상에서 동떨어져서 살아갈 수도 없지. 법을 지키는 것처럼 선생님이나 부모님 말을 그대로 따라야 한다는 건 아니지만, 어느 정도는 지키는 게 좋겠지?

　우리의 선택이 다른 사람의 선택을 제한하는 일이 생겨서도 안 돼. 이 문제는 앞으로 좀 더 자세히 다룰 거야. 일단은, 우리가 다른 사람의 선택에 영향을 미칠 수 있고 다른 사람이 우리의 선택에 영향을 미칠 수도 있다는 것만 알아 두자.

　가끔은 한 사람이 아니라 한 무리의 사람들이 집단으로, 또는 정부 기관이나 큰 회사가, 또는 문화와 전통이라는 이름을 앞세워 우리의 선택을 제한하기도 해. 앞에서 말했듯이 '~해야 한다'는 이야기는 우리의 선택을 제한해.

　모든 사람이 다른 사람에게 피해를 주지 않으면서도 각자 원하는 걸 할 수 있는 세상을 상상해 봐. 나의 의지와 힘으로 원하는 선택을 하면서도 다른 사람들에게 해를 끼치지 않을 수 있어. 서로가 좋은 선택을 할 수 있도록 돕는 세상, 서로를 해치지 않고 자유를 누리는 사람들이 사는 세상은 정말 멋질 거야.

모두에게 똑같진 않아

적극적으로 선택하는 일이 중요하다는 걸 알겠니? 또 알아 두어야 할 게 있어. 어떤 사람들은 다른 사람들보다 자신이 원하는 걸 더 자유롭게 선택할 수 있어. 성별, 인종, 장애, 지위 등에 따라 차별이 있다는 것은, 더 많은 권력이나 특권을 누리는 사람들이 존재한다는 뜻이야. 이 이야기도 나중에 좀 더 자세히 할 거야.

돈이 많은 사람은 피자를 고르기가 쉬워. 피자를 골랐는데 마음에 들지 않아도 별로 문제가 되지 않아. 다시 고르면 되니까. 이런 사람은 자신이 좋아하는 피자가 어떤 것인지, 또 어떤 피자를 골라야 하는지도 알기가 쉬울 거야. 하지만 피자 살 돈이 충분하지 않다면? 이렇게 할 수 없겠지.

아예 피자 가게에 들어가기 힘든 사람들도 있어. 만약 가게가 충분한 시설을 갖추지 못했다면 장애인이 그럴 거고, 가게 주인이 유색 인종을 차별하는 사람이라

면 피부색이 다른 사람에게는 친절하지 않을지도 몰라. 또 동성애를 혐오하는 사람이 주인이라면 동성애 커플은 손을 잡고 가게에 들어갈 수 없어.

이처럼 선택할 수 있는 힘과 권리가 모든 사람에게 공평하게 주어지는 건 아니야. 돈이 적은 사람은 물건을 살 때 선택의 폭이 좁기 때문에 돈이 많은 사람보다 더 신중하게 선택해야 해. 장애인은 갈 수 없는 곳이 많고, 동성애 커플은 사람들 앞에서 애정 표현을 하기가 어렵지. 인종을 차별하는 사람들 때문에 유색 인종은 안전하지 않거나 충분한 권리를 누리지 못하는 경우가 많아. 성을 차별하는 사람들 때문에 여성은 직장에서 남성만큼 대우를 받지 못하고 적은 임금을 받기도 해. 남성이 여성스러운 옷을 입는 것도 눈치가 보일 거야.

우리 사회가 모두에게 공평하지 않기 때문에 우리는 더더욱 선택에 대해 배우고 생각을 키워 나가야 해. 일상에서 아주 간단한 선택을 하면서도 그럴 수 있어. 선택할 수 있는 힘을 가지면 우리가 좀 더 편안하고 기쁘게 살아갈 수 있지.

선택할 수 있는 힘이 중요한 이유

그런데 말이야. 가끔은 선택할 수 있는 힘을 가졌음에도 선택할 수 없는 일이 생기기도 하거든. 바로 이럴 때

소중한 누군가가 세상을 떠났을 때

우정이나 사랑이 깨졌을 때

아프거나 다쳤을 때

누군가로부터 상처를 받았을 때

그 밖에 신체적, 정신적 고통과 상처를 일으키는 경험을 했을 때

우리의 동의 없이 어떤 일이 벌어졌을 때, '합의하지 않았다.'고 표현해. 이런 일은 우리가 선택한 게 아니야. 이런 경우는 뒤에서 다시 이야기할게.

지금 이야기하려는 것은 이래. 선택할 수 있는 힘이 있을 때 동의가 더 많이 이루어지는 건 맞아. 하지만 내게 더 자유롭게 선

택할 수 있는 힘이 있어도 나쁜 일들은 일어날 수 있어. 이런 일들로부터 항상 우리가 보호받지는 못해. 그래도 선택을 하는 순간에 이런 힘을 가지면 우리가 누구인지, 어떤 행동을 할 수 있는지를 떠올릴 수 있어. 그게 중요해.

　자신을 위해 무엇을 선택할지, 나한테 가장 좋은 게 무엇인지를 신중히 고민하는 일은 정말, 정말 중요해. 내 삶이 꽤 괜찮다고 느낄 때도 그렇지만, 그렇지 않다고 느낄 때나 선택할 권리를 빼앗겼을 때는 특히 더 중요해.

　'자기 자비'나 '자기 돌봄'이라는 말을 들어 보았니?

　자기 돌봄은 간식을 먹을 때 맛과 영양을 고려하여 신중하게 고르고, 목욕할 때 기분 좋은 향이 나는 비누를 고르는 거야. 또 어떤 음악을 듣고, 어떤 놀이를 하고, 어떤 운동을 하는 게 네게 도움이 될지를 살펴보는 모든 과정이 자기 돌봄이야.

　자기 돌봄을 실천하려면 네 몸에 충분히 귀를 기울이고, 네 몸이 필요로 하는 걸 주면서 스스로를 너그럽게 대해야 해. 네가 즐겁거나 슬프거나 두렵거나 신날 때 네 몸은 어떻게 느끼니? 그걸 알아채는 방법을 아니? 그 느낌이 어디서부터 시작되는지 알아챌 수 있니? 아마 쉽지 않은 일이라서 매번 정확하게 알아내지는 못할 거야. 하지만 그렇게 하려고 노력하는 건 아주 좋은 일이야. 네가 무엇을 하느냐만큼 어떻게 하느냐 그 과정도 중요해. 그 과정 자체가 자신을 돌보는 일이니까.

**지금까지 '나 자신'과 관련된 동의 이야기를 해 보았어.
이제 다른 사람과 함께하는 동의에 대해 알아볼까?**

다른 사람들과 동의하는 법을 배우는 건, 자기 자신과 동의하는 법을 배우는 것보다는 조금 더 어려워. 이제부터는 다른 사람들과 어떻게 협상하고 뜻을 맞춰야 하는지, 내가 원하는 바와 다른 사람이 원하는 바를 어떻게 함께 충족시킬 수 있을지를 살펴볼 거야. 질문하고 요청하는 법과 거절하는 법을 배우고, 서로 합의한 방식으로 인사하는 법도 알아볼 거야. 그러고 나서 성에 대한 이야기로 넘어갈 텐데 언젠가 네가 원할 때, 성관계에서 동의를 실천하는 법을 배울 거야. 마지막으로 여럿이서 함께 영화를 볼 때, 영화 고르는 방법에 대해서도 생각해 보자.

3장
다른 사람들과 함께할 때

다른 사람들과 함께 무언가를 하려고 한다면, 모두가 서로 동의를 얻기 위해 노력해야 해. 그러려면 자유롭게 하고 싶은 걸 선택할 수 있어야겠지. 하지만 네가 하고 싶다고 해서 다른 사람이 원치 않는데 그 일을 하도록 강요하면 안 돼. 다른 사람이 네게 그렇게 하면 안 되는 것처럼.

다른 사람들과 함께할 때 동의하는 일이 어려운 건, 서로 양보하고 협의해야 하기 때문이야. 서로에게 선택할 힘과 권리를 최대한 많이 주려고 아무리 노력해도 모두에게 완벽하게 좋은 선택을 하기는 어려워. 그런 일은 불가능할지도 몰라. 그래서 누군가는 여러 번 먹어서 질린 피자를 또 먹어야 한다거나, 봤던 영화를 다시 보고, 이미 지루해진 게임을 해야 할 수도 있어.

어떤 사람들은 다른 사람들과 맞추는 일을 피하려고 뭐든지 혼자 하는 걸 더 좋아해. 그것도 괜찮아. 나도 가끔 혼자가 더 낫다고 생각해. 다른 사람들은 하고 싶어 하지 않는데, 나 혼자만 좋아하는 일을 하는 것보다는 확실히 그게 낫지. 하지만 네가 다른 사람들과 함께하기를 피하기만 하면, 좋은 관계로 발전할 기회를 놓칠지도 몰라. 좋은 관계를 만드는 비결은, 내가 원하는 걸 이야기하고 다른 사람이 원하는 것과 어떻게 맞춰 나갈지 함께 방법을 찾는 것이거든.

다른 사람들이 네가 원하는 것에 맞추려고 노력하고, 또 네가 그 사람들이 원하는 것에 맞추려고 노력하는 건 참 멋진 일이야. 이렇게 하면서 즐거운 시간과 기억을 공유하고 서로를 지지하는 경험을 할 수 있어. 이런 경험을 통해 함께한 사람 모두 더 자유롭게 선택할 수 있게 되고, 혼자서는 안 되고 함께라야 맞이할 수 있는 즐거운 순간을 맞이하게 돼. 이 순간들이 모여서 사랑이 가득한 훌륭한 관계가 만들어져. 관계의 중심에 동의를 두면 혼자일 때보다 함께하는 게 더 즐거울 수 있어.

다른 사람들과 함께할 때 동의하기에 대해 이야기하는 건 어렵기도 하고 때론 좀 답답해. 아마 너도 경험한 적이 있을 거야. 다른 사람들과 함께할 때 좀 더 쉽게 동의하려면 어떻게 해야 하는지 알아보자. 일상생활에서 쉽게 실천해 볼 수 있는 방법들을 알려 줄게.

모두가 원하는 피자를 고르려면?

둘이서 함께 먹을 피자를 고를 때 각자의 요구 사항을 어떻게 맞추어야 할까? 피자가 지겹다면, 함께 볼 영화 고르기를 상상해도 돼.

함께 볼 영화를 고른다면?

먼저 코미디, 드라마, 스릴러, 액션 등 어떤 종류의 영화를 보고 싶은지 이야기하겠지?

보고 싶지 않은 영화가 있으면 이야기해야 해. 예를 들어 무서운 영화는 절대 보고 싶지 않다면 꼭 말하도록 해.

서로의 이야기를 듣고 나면 무슨 영화를 볼지 정하기 위해 각자 시간을 좀 가질 테고,

어쩌면 두 사람 앞에 오븐에서 구운 동그란 무언가가 배달될지도 몰라.

다시 피자 이야기로 돌아가서…….

피자 가게에 남기로 했다면, 즐겁게 피자를 먹기 위해 무얼 할 수 있을까?

둘 다 좋아할 만한 토핑을 찾아보자.

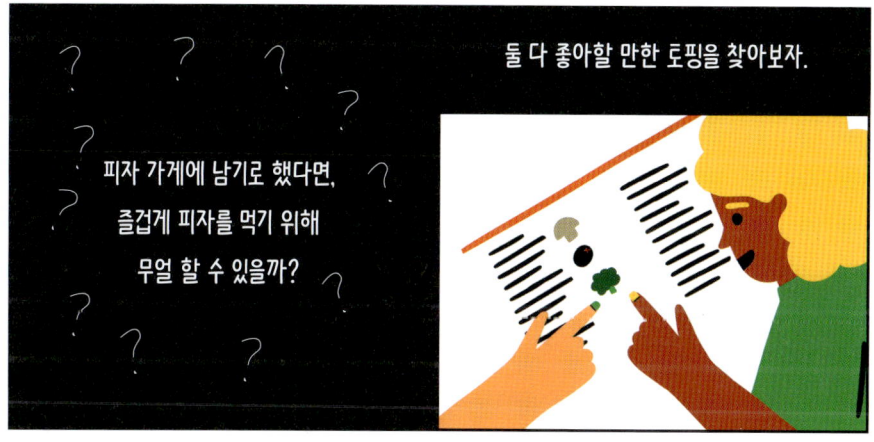

반반 피자가 있잖아! 반은 버섯을 올리고, 반은 햄을 올리면 어떨까?

다른 토핑도 더 얹어 보자.

어쩌면 햄을 올리지 않겠다고 할 수도 있어. 한 친구가 고기 냄새를 좋아하지 않는 걸 알고 있으니까.

서로 격려하며 노력하면 둘 다 동의하는 피자를 고를 수 있어.

피자를 함께 먹으면서 얼마나 맛있는지 이야기하면, 즐거움이 더 커질 거야.

이번 피자가 어땠는지 생각을 말하고, 다음번에는 어떤 피자를 먹을지 이야기해 볼 수도 있어.

끝.

다시 영화로 돌아가서…….

무엇을 보든, 상대가 영화를 얼마나 즐기고 있는지 알아채고 생각을 물어볼 수 있어.

영화 앞부분을 보고 계속 볼 건지 서로 동의를 구할 수도 있지.

아니면 한 사람이 영화를 보는 동안, 다른 사람은 스마트폰을 가지고 놀 수도 있어.

끝.

설령 두 사람 모두가 완벽하게 원하는 걸 하지 못했더라도 정말 즐거운 시간을 보냈을 거야. 그랬을 거라고 생각해. 서로가 만족스러운 시간을 보내기 위해 노력하는 과정에서 더 가까워지고 신뢰할 수 있게 되었을 테니까. 서로 동의하기 위해 노력하는 과정에서 좋은 관계가 이루어져. 무얼 하느냐가 아니라, 그걸 어떻게 함께하느냐가 중요하다는 걸 기억해.

4장
질문하고 요청하는 법

이 부분은 동의에서 특히 중요해.

상대방에게 물어보지 않고 뭔가를 하는 건 멋지지 않아. 그건 꽤 나쁜 행동이고, 그렇게 해선 안 돼. 그런데 별생각 없이 그럴 때도 있긴 해. 이제부터 나올 내용을 잘 읽어 봐. 상대방의 동의를 구할 때 도움이 될 거야.

네가 물어보거나 요청하는 걸 상대방이 원할까?

물어보지 않으면 당연히 상대방의 의사를 알 수 없어. 하지만 사실 낌새를 챌 수는 있어. 예를 들어 누군가에게 데이트 신청을 하려고 한다면 상대방도 내게 관심이 있는지 먼저 눈치를 살필 거고, 상대방도 관심이 있다고 느껴야 데이트 신청을 할 수 있겠지. 상대방의 눈치도 살피지 않고 느닷없이 뭔가를 하자고 물어보는 건 별로 좋은 생각이 아니야. 상대방이 거절한 가능성이 커지고, 그러면 넌 상처를 받을지도 몰라.

상대방의 의사를 물어볼 때는 명확하게 말해야 해

다른 사람에게 물어볼 때는 가능한 한 정보를 많이 주는 게 좋아. 데이트 신청을 한다면, 손을 잡고 싶은 건지 그냥 알고 지내고 싶은 건지 더 친한 친구가 되고 싶은 건지 명확하게 밝혀야 해. 서로 합의하지 않은 채 혼자서 뭔가를 해도 된다고 생각하는 일은 동의하고는 거리가 멀어. 그렇다고 '우리 데이트하러 가서 손잡을까?'라고 직접적으로 말해야 한다는 건 아니야. 대신, 네가 원하는 관계가 그냥 친구 사이인지 사귀는 사이인지 정도는 말할 수 있겠지.

누구를 위한 질문이고 요청일까?

사람들이 흔히 저지르는 실수가 있어. 바로 누구를 위한 건지를 분명하게 밝히지 않는다는 거야. 다른 사람에게 원하는 걸 말할 때는 누구를 위한 건지도 밝혀야 해. 상대방이 너를 위해 해 주었으면 하는 일인지, 아님 상대방을 위해 네가 하려는 일인지, 그것도 아님 너를 위해 상대방이 너와 함께 해 주었으면 하는 일인지 말이야. 헷갈리니? 질문을 듣는 사람도 그래. 헷갈릴 수 있다고. 그러니 누군가에게 부탁을 할 때는 분명하게 말해 줘. 예를 들어 너와 가깝게 지내는 사람이 너와 포옹하고 싶어 하는 것처럼 보일 때, 네가 먼저 그 사람에게 '내가 뭔가 해 줄까?'라고 물어볼 수 있어. 하지만 만약 포옹을 원하는 사람이 너라면, 포옹해도 되냐고 상대방에게 먼저 물어보는 게 나아. 그런데 질문을 할 때 조심해야 해. 만약 '포옹하기를 원하니?'라고 물어보고 상대방이 그렇다고 대답한다면 마치 상대방이 원해서 포옹을 하는 것처럼 되어 버리거든. 사실 포옹을 원하는 건 너였잖아. 그러니 원하는 게 있다면 분명하게 '네'가 원하는 게 포옹이라고 말하고 상대방 의사를 물어봐야 해.

선택의 여지를 주면서 질문하고 요청하기

동의가 선택과 관련된 일이라고 한 걸 기억하니? 상대방에게 질문하거나 요청할 때도 가능하면 선택할 여지를 많이 주는 방식으로 하면 어떨까? '이따 같이 영화 볼까?'라고 물으면 '응' 아니면 '아니'라는 답밖에 할 수 없어. 하지만 '같이 영화 보면 어떨까? 네 생각은 어떠니?'라고 물어보면 상대방이 좀 더 다양한 답을 할 수 있어. '어떻게 생각하니?'나 '어떻게 느끼니?'는 좋은 질문이야. 선택할 수 있는 여러 가지를 제시하고 '이 중에 네가 원하는 게 있니?'라고 묻는 것도 괜찮아.

어떻게 질문을 해야 다른 사람에게 선택할 여지를 많이 주는 것인지 한번 생각해 봐. 처음에는 좀 어색하게 느껴질 수도 있겠지만, 동의를 실천하는 데에 있어 중요한 문제야.

① 한다 / ② 하지 않는다 / ③ 또 다른 무언가를 선택한다

이렇게 선택할 수 있는 사항이 최소 세 가지는 될 수 있도록 질문하는 것을 목표로 삼아 보자.

한 번만 물어보기

일단 질문을 했으면 그걸로 충분해. 같은 질문이나 요청을 여러 번 하는 건 도움이 되지 않아. 물론 상대방이 결정을 내리는 데에 필요한 다른 정보를 원하거나 네게 질문을 한다면 다시 물어봐도 돼. 상대방에게 모든 정보를 주었다면 생각할 여유를 주도록 해. 네가 원하는 걸 상대방이 하게 만드는 건 동의를 구하는 게 아니야. 다른 사람을 귀찮게 하거나 잔소리를 해서 어떤 일을 하게 하지는 말아 줘. 매너 있게 '네가 원하면'이라고 하고, '제발'이나 '부탁이야'라는 말은 되도록 하지 않는 게 좋아.

답할 수 있는 시간과 공간을 주기

상대방에게 질문이나 요청을 하고 나서는 충분히 생각할 여유를 주어야 해. 대답할 때까지 바로 옆에 서서 기다린다면 여유를 주는 게 아니야. 텔레비전 같은 데서 공개적으로 청혼하는 장면을 본 적 있니? 주변 사람들이 막 박수를 치면서 청혼한 사람을 응원하기도 하지. 그런데 이렇게 공개 청혼을 받는 사람의 입장에서는 바로 그 자리에서 대답해야 할 것만 같은 압박을 받게 돼. 게다가 '예'나 '아니요' 둘 중 하나로만 대답해야 해. 따지고 보면 그리 로맨틱한 장면은 아니야. 보통 청혼을 받는 사람은 여성인 경우가 많은데, 사람들은 청혼을 받은 '여성'이 당연히 청혼을 받아들여야 한다고 생각하곤 해. '여성이 해야만 하는 것'에 대한 이야기는 나중에 다시 할게.

상대방의 거절을 받아들이기

상대방이 충분히 생각할 여지도 주었고, 제대로 된 방법으로 질문했지만, '아니요'라는 답을 들을 수 있어. 거절당하는 일이 생기더라도 상대방의 결정을 받아들여야 해. '그러니까 내 말은……. 다시 들어 봐.', '너도 원하는 거잖아!', '나를 위해 이거 하나 못 해 주니?', '날 사랑한다면 이 정도는 해 주어야지.' 이런 식으로 상대방의 마음을 바꾸려고 시도하는 일은 동의를 구하는 게 아니야. 이런 말들은 상대방이 죄책감을 갖게 하고, 빚진 것 같은 느낌을 갖게 해. 이런 말을 상대방에게 한다는 건 상대방의 선택할 권리와 힘을 무시하는 일이야. 이런 일은 결코 멋지지 않으니 그만두자!

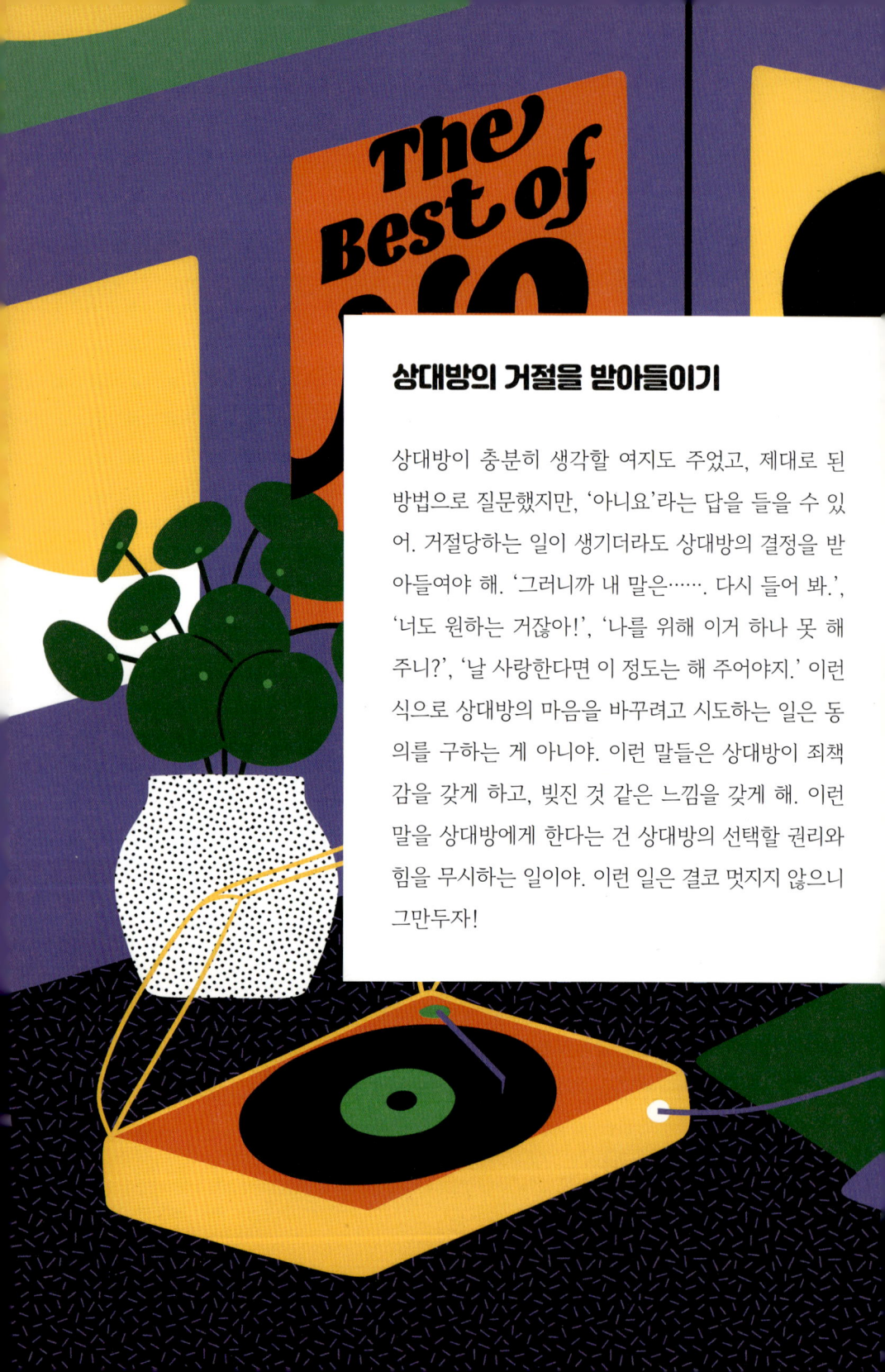

5장
거절에 대하여

어떤 경우에는 우리가 사람들에게 '아니요'라고 말해야 하는 입장이 되기도 해.

'예'라고 답할 수도 있었고 이런 난처한 입장에 처하고 싶지 않았지만, 어쩔 수 없이 거절해야 하는 때가 있어. 슬프게도 종종 이런 일들이 생겨. 현명하게 거절하는 법을 배워두면 유용하겠지? 우리가 어떤 일에 동의하라는 요청을 받는다면, 원하는 것과 원하지 않는 것을 바탕으로 적절한 선택을 할 수 있어야 해. 거절을 해야만 하는 상황에 처했다면 네게 선택의 여지가 충분히 주어지지 않았기 때문일 거야.

말이 아닌 행동으로 거절하기

행동으로도 거절의 표현을 할 수 있어. 어떤 연구 결과에 따르면, 실제로 사람들은 '아니요'라는 대답을 자주 하지 않는다고 해. 네가 누군가에게 요청받은 일이 있는데 하고 싶지 않았을 때를 떠올려 봐. '아니.'라고 말하는 대신, '으음.' 또는 '잘 모르겠어.'라고 하거나, 아니면 그냥 조용히 어깨를 으쓱했을 거야. 이 모든 게 거절의 표현이었고 상대방도 그렇게 이해하길 바랐겠지. 또한 이 연구에서는 '아니요'라고 말하지 않아도 사람들이 몸짓을 통해 거절의 뜻을 이해한다는 사실을 발견했어.

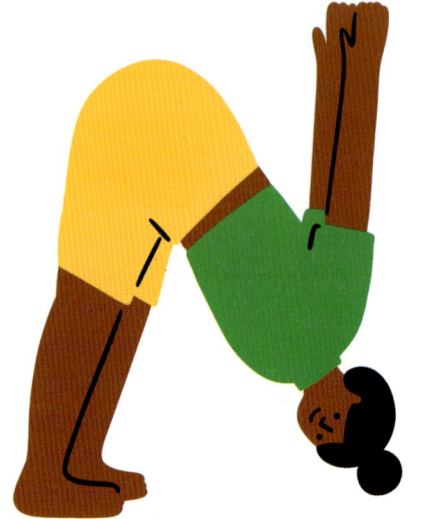

말이 아니라 행동으로 '아니요'를 표현할 때, 대부분의 사람들은 그걸 알아챌 수 있어. 간혹 이해하지 못하는 경우도 있는데, 그건 다른 사람들의 반응을 이해하는 정도가 사람마다 다르기 때문이야. 몇몇 사람들은 다른 사람의 반응을 보고 마음을 읽어 내는 데에 어려움을 겪어. 네가 여기에 속한다고 해도 괜찮아. 상대방에게 다시 정중히 물어보고 대화를 나누면 되니까.

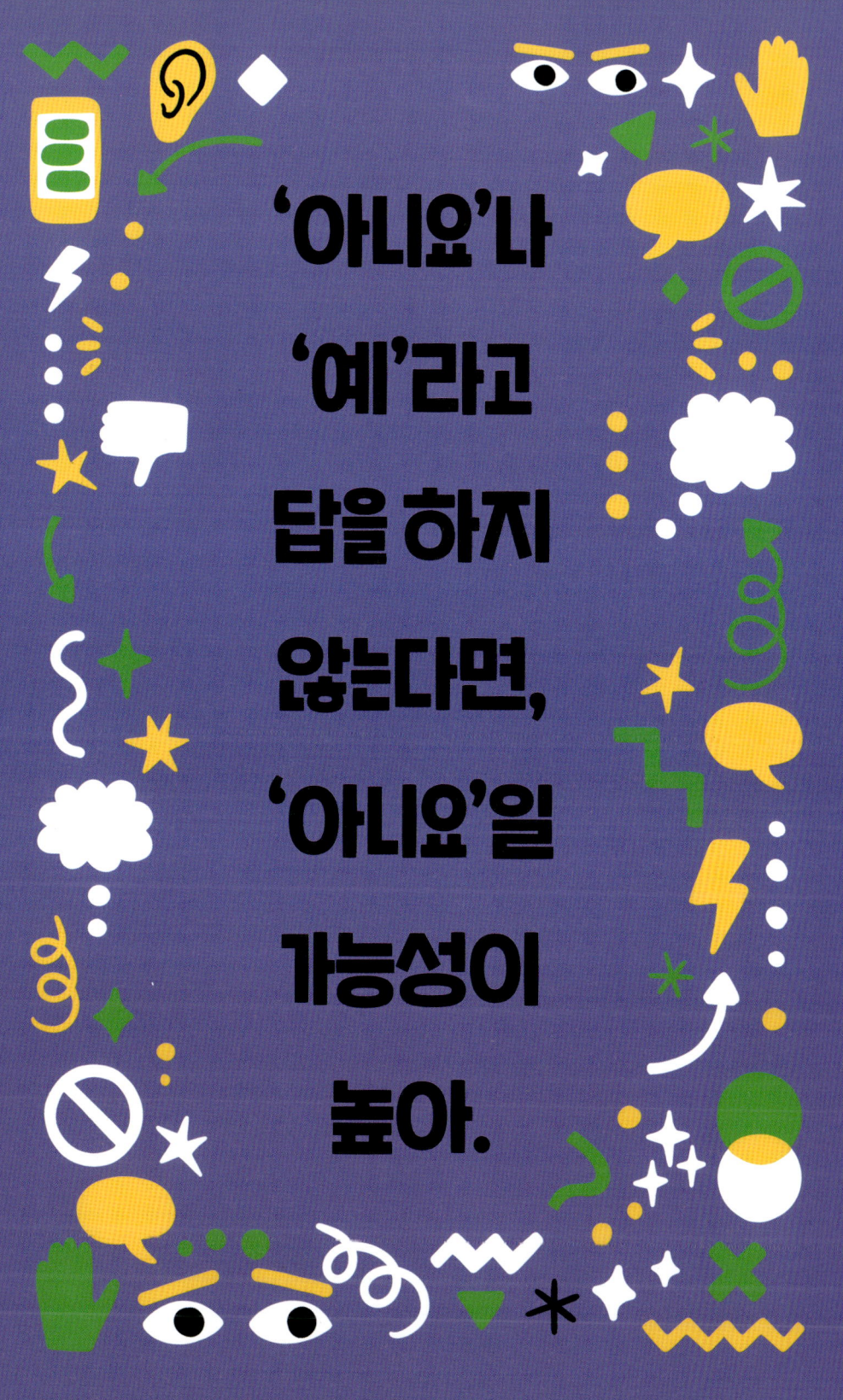

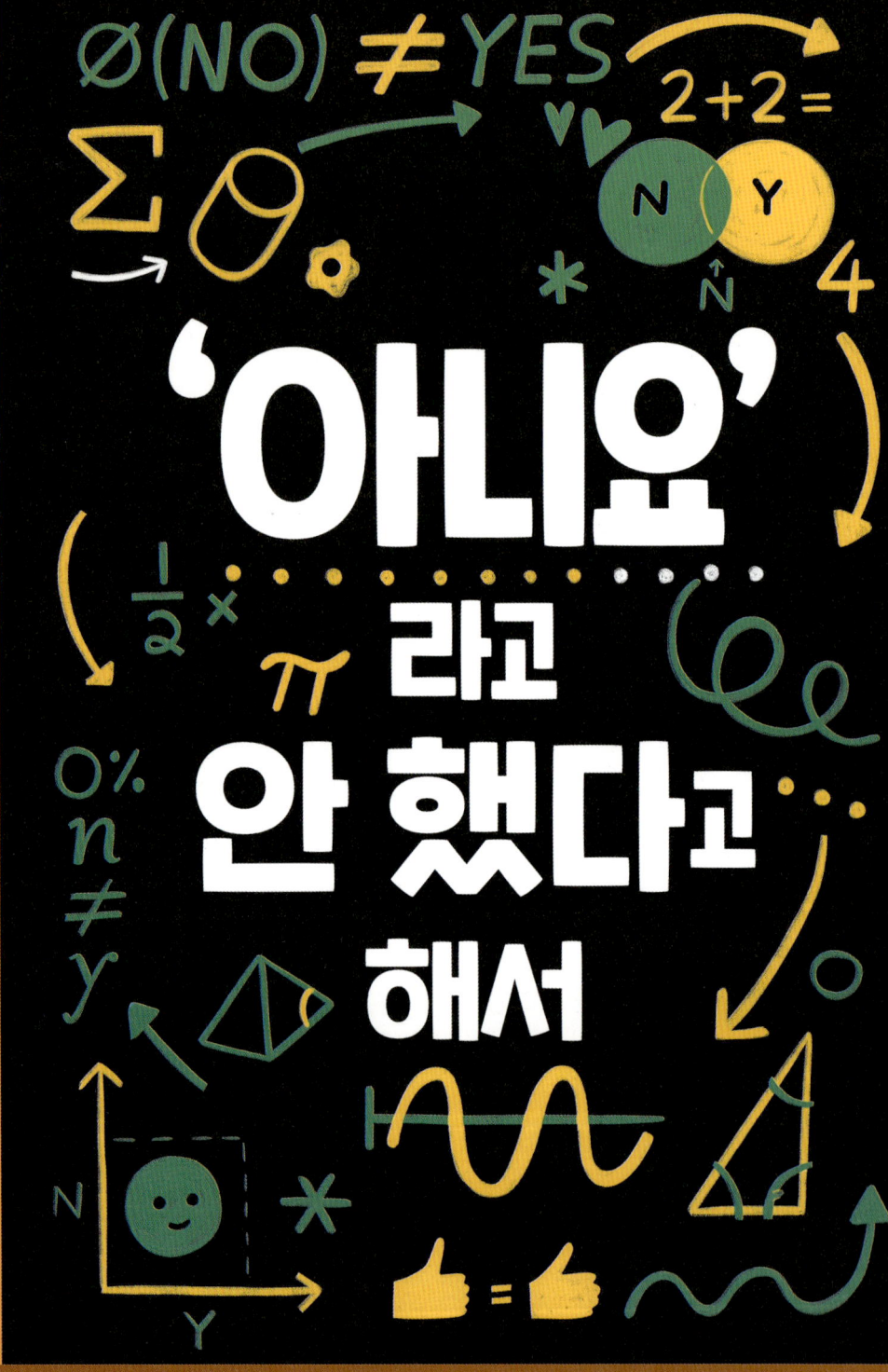

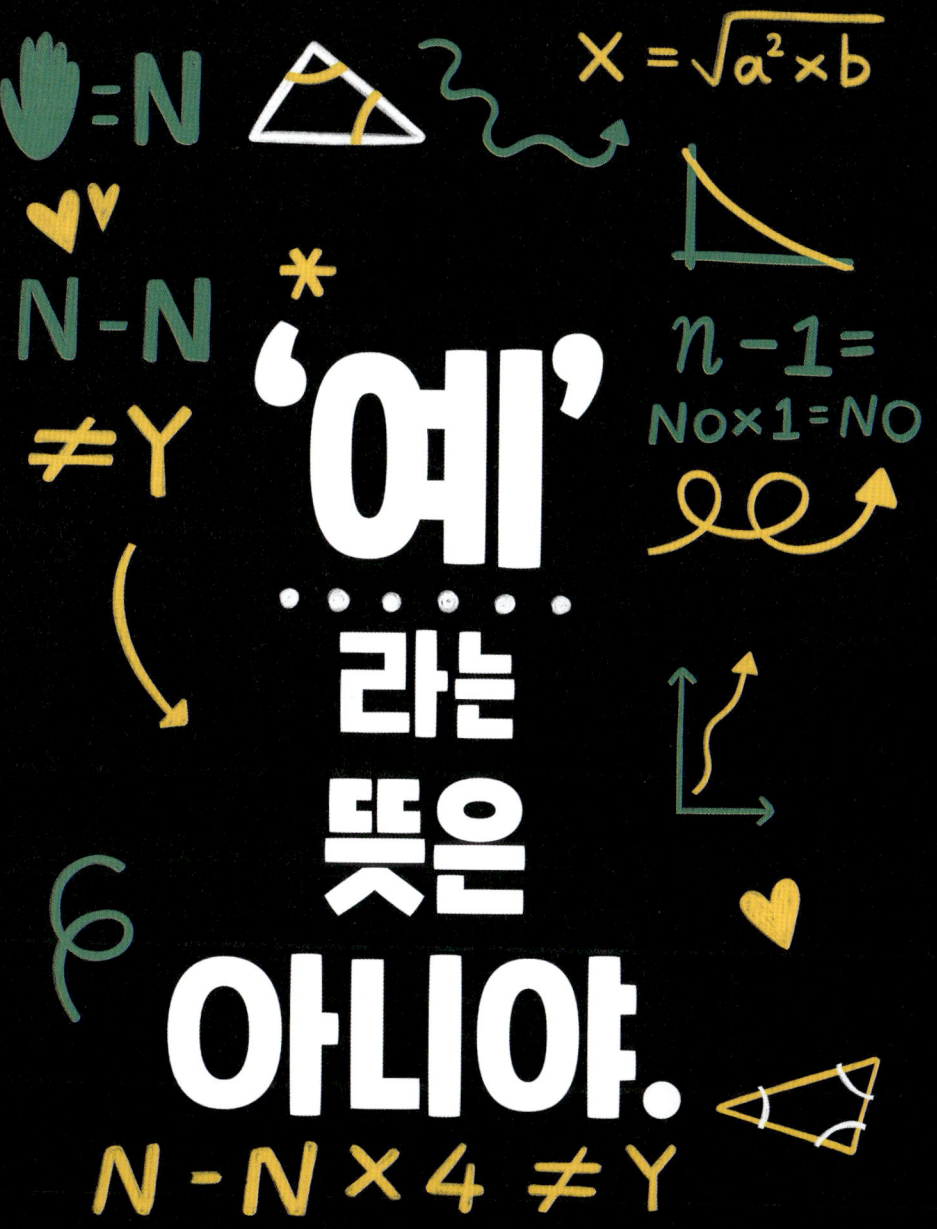

누구나 동의를 구하는 적절한 방법을 알고 있지는 않아. 그래서 가끔은 '아니요' 라고 말해야 해. 그런 경우를 대비해 거절을 잘하는 방법을 알려 줄게.

거절 잘하는 법 #1
한번에 명확하게 거절하기

거절할 때는 '아니요'라는 말이 잘 들리도록 해야 해. 상대방이 계속 물어보면, 물을 때마다 계속 '아니요'라고 대답하면 돼. 그랬는데도 상대방이 네 말을 듣지 않거나 공개된 장소에 널 데려가서 사람들 앞에서 다시 물어본다면 다른 사람들의 도움을 받아도 좋아. 만약 거절 의사를 밝혔는데도 전화를 계속한다면 받지 않거나 번호를 차단해도 돼. 어떤 방식으로든 상대방이 끈질기게 굴어서 널 괴롭힌다면, 믿을 만한 어른에게 알리고 도움을 청하도록 해.

거절 잘하는 법 #2
상대방 말을 그대로 다시 하면서 거절하기

이 방법은 상대가 한 말을 그대로 반복한 다음에 거절하는 거야. 이를테면, '네가 나랑 만나고 싶어 한다는 걸 알겠어. 하지만 난 너랑 만나고 싶지 않아서 거절할게.'라고 하는 거지. 상대방의 말을 듣고 어떤 내용인지 이해했지만, 원하는 바가 아니어서 거절 의사를 표현하는 거라고 알려 주는 거야.

거절 잘하는 법 #3
때로는 부드럽게 거절하기

무겁거나 너무 진지하지 않게 표현하면 분위기가 좀 나아지고, 상대방도 받아들이고 생각할 여유가 생겨. 네가 거절의 말을 했는데, 상대방이 잘 듣지 못한 것 같다면 약간의 유머를 섞어 보아도 괜찮을 거야. 노래 가사나 연예인의 말을 빌려서 너무 딱딱하지 않게 표현해도 좋아. 하지만 놀리는 것처럼 하면 안 돼.

거절 잘하는 법 #4
되돌려 주며 거절하기

네가 거절했을 때 상대방이 '네가 내 친구라면……' 또는 '나를 사랑한다면……'라고 하면서 죄책감을 느끼게 한다면, 그 말을 한 사람에게 똑같이 말해서 되돌려 주면 돼. 그 사람이 진짜 너의 친구이고 널 사랑하는 사람이라면 너의 동의를 구하기 위해 더 노력할 테니까. 사랑은 말뿐 아니라 행동으로도 표현하는 거야. 사랑한다면 서로 동의를 구하고 행동해야 해. 하고 싶지 않은 일을 억지로 하게 하는 건 사랑이 아니야.

거절 잘하는 법 #5
미리 연습하고 거절하기

거절의 말을 하기 전에 무슨 말을 해야 할지 준비하는 것도 좋아. 나한테 '거절해도 괜찮아.'라고 적힌 티셔츠가 있거든. 난 그 말이 좋아. 거절해도 괜찮으니 거절을 표현하는 말을 골라서 계속 연습해 봐. '으음.'이나 '모르겠어.'라고 하는 것만큼이나 거절의 말을 하는 게 쉬워질 거야.

거절 잘하는 법 #6
아주 단호하게 거절하기

누군가가 널 부당하게 대한다면 정말 단호하게 말해야 해. 어떻게 해야 하는지 알려 줄게. 단호하게 말하는 법을 네 단계로 정리했어.

1. 상대의 나쁜 행동을 말한다. (네 거절을 받아들이지 않으면서 하는 행동 같은 거.)

2. 네 기분이 어떤지 말한다. (무섭거나, 화나거나, 슬프거나, 실망스럽다고.)

3. 상대가 어떻게 하기를 원하는지 말한다. (거절을 받아들이고 그 행동을 그만두게끔.)

4. 상대가 그렇게 하지 않으면 어떻게 할 것인지 말한다. (절교나 신고 같은 거.)

거절하기는 어려운 일이야. 거절하기가 어렵다는 것은 다른 사람이 우리의 선택에 영향을 준다는 뜻이기도 해. 거절하는 상황이 유쾌하지 않더라도 필요하면 그렇게 해야만 해. 이때 '아니요'라고 말하는 건, 나 자신에게는 '예'라고 말하는 일과 같아. 나 스스로에게 선택할 권리를 주는 일이니까. '아니요'라고 말하지 않는다면 다른 사람이 우리 동의를 구하지 않고 행동해도 괜찮다는 뜻이 돼. 설사 네가 거절하기를 능숙하게 잘하지 못했더라도, 상대방이 네 동의를 구하지 않고 행동하는 건 잘못이야. 기억하자. 거절하는 입장에 놓인 건 네 잘못이 아니야. 거절하는 입장이 된 것 자체가 유쾌하지 않지. 잘못을 한 쪽은 네가 거절하도록 만든 그들이지, 거절을 해야 하는 네가 아니야.

6장

동의하며 인사하기

살다 보면 피자를 주문할 때와는 다른 방식으로 묻고 요청해야 하는 경우가 생겨. 인사할 때가 그래.

인사하는 방법에는 악수, 주먹 마주치기, 고개 끄덕이기, 거수경례, 끌어안기, 가벼운 입맞춤 등이 있어. 우리는 다양한 사람들과 저마다 다른 방법으로 인사하며 신체 접촉을 하고 관계를 맺어. 늘 하던 대로 하는 인사가 서로 합의한 방식인지 생각해 본 적 있니? 어떻게 해야 서로 합의한 방식으로 인사를 나눌 수 있을까? 인사하기는 다른 사람과 성관계를 맺는 일과도 비슷해. 일단은 그렇다고만 알고 있어. 나중에 다시 이야기해 줄게.

우리가 따라야 하는 인사법

누군가를 처음 만나면 어떻게 인사하니? 보통은 관습에 따라 내가 속한 사회의 사람들에게 익숙한 방법으로 인사를 해. 그래야 어색하지 않으니까. 예를 들어, 내가 사는 영국에서는 인사할 때 악수를 해. 하지만 이와 다른 방법으로 인사하는 나라도 있어. '입맞춤, 주먹 마주치기, 끌어안기'처럼 몸이 서로 닿는 인사가 있는가 하면, '손 흔들기, 거수경례, 두 손을 모아 합장하기'처럼 몸이 서로 닿지 않는 인사가 있어. 내 말은 어떻게 인사를 해야 하는지에 대해서 지역별로 따르는 관습이 있다는 거야.

그 관습에 따르면 인사할 때 꽤 엄격한 규칙을 따라야 해. 영국에서도 악수할 때 따라야 할 규칙이 있어. 꼭 말로 표현하지 않아도 누구나 알고 있는 규칙들이야. 일단 오른손으로 악수해야 하고, 악수하면서 상대방 손을 '적당히' 단단하게 움켜쥐어야 해. 이때 손은 축축한 상태면 안 돼. 상대방 손을 2~3초 동안 잡고 위아래로 움직이면 악수가 끝나는데, 악수하면서 잠깐 눈을 마주칠 수 있지만 너무 오래 마주치는 건 안 돼. 다시 한번 말할게. 나라마다 인사법이 다르고, 같은 나라 안에서도 지역마다 인사법이 다르고 따라야 할 규칙이 달라. 네가 사는 곳에서는 어떻게 인사하니?

많은 사람이 이렇게 악수를 하더라도 꼭 모두에게 좋은 방식은 아니야. 왼손잡이인 사람도 오른손으로 악수를 해야 하니까. 또 어떤 사람들은 악수할 때 손을 너무 세게 잡고, 어떤 사람들은 너무 느슨하게 잡아. 어느 정도가 '적당히'인지에 대해 서로 합의하지 않았기 때문이야. 악수할 때 손이 으스러질 것처럼 아픈 사람도 있을 거고, 어떤 사람은 축축한 생선을 만지는 것처럼 물컹한 느낌이 들지도 모르지. 상대가 누구냐에 따라 악수하는 방법이 어떻게 달라져야 하는지도 명확하지 않아. 성별이 다르거나 나이 차이가 많이 나는 사람과 악수할 때는 어떻게 해야 하지? 또 손이 훨씬 크거나 작은 사람과 악수할 때는? 악수하는 것으로는 성에 안 차서 포옹하려고 하는 사람이 있을 때는?

그런데 상대방이 포옹을 원치 않는다면?

어떤 사람들은 포옹을 정말, 정말 싫어해. 물론 싫어해도 괜찮아.

보다시피 '~해야 한다'는 이야기는 인사에도 있어. 동의하지 않아도 인사를 이렇게 해야 한다고 하니 꼭 따라야 할 것 같은 이야기 말이야. 그런 이야기는 우리가 모든 사람과 똑같은 방식으로 인사해야 한다고 생각하게 해. 그래서 **우리가 하고 싶은 인사가 아니라, 우리가 해야만 한다고 느끼는 인사를 하게 만들어.**

인사할 때 동의를 구하지 않고 끌어안으려 하거나, 손을 너무 꽉 잡거나, 손가락으로 상대방의 손을 쓰다듬는 행동 같은 걸 하는 사람도 있어. 나는 그렇게 하지 않았으면 좋겠어. 좀 징그러운 느낌이 들거든.

원하는 방식으로 인사하고 싶다고 말해도 되는 걸까? 왜 서로 동의한 방식으로 악수하지 않을까? 함께 더 좋은 인사법을 생각해 낼 수도 있지 않을까? 인사법에 대한 이야기를 나누고 더 재미있고 멋진 인사법을 찾아 나가면 어떨까?

서로에게 좋은 인사법 찾기

인사법을 맞추려면 서로 원하는 걸 물어보고 선택하면 돼. 처음 만났을 때 '악수, 끌어안기, 입맞춤 중에 어떤 걸 원하니?'라고 물어보는 거야. '나는 악수나 가벼운 포옹으로 인사하면 좋을 것 같은데, 넌 어떠니? 특별히 좋아하는 인사법이 있니?' 라고 물어보면 더 좋고. 악수를 하기로 둘 다 동의했다면, 어느 손을 사용할 것인지 정하고(양손도 가능해.) 세부 사항을 정하면 되지. 건조한 손이나 촉촉한 손 중에 뭐가 좋니? 얼마나 단단하게 잡을까? 골격이 으스러지는 정도를 10, 물컹하게 느껴지는 정도를 1이라고 해 보면 어때? 위아래 아니면 좌우로 움직이길 원하니? 얼만큼 움직이면 좋겠니? 얼마나 오래 해야 할까? 오, 난 이렇게 하지는 못할 거야. 특히 모르는 사람과는 매번 이렇게 하기는 어렵지. 가까운 사람들과는 인사법에 대해 합의해도 좋을 것 같아. 나도 그렇게 했어. 사람에 따라 관계에 따라 손을 꽉 잡는 악수부터 오른쪽 뺨에 뽀뽀하기, 입술에 키스하기, 2~3초 꽉 끌어안기까지 다양하게 합의했어.

동의에 대한 수업을 하면서 사람들에게 서로 인사하는 방법을 맞춰 보라고 하면 처음에는 어색해하지만, 곧 좋은 방법을 찾는 데에 몰두하곤 했어.

사람들은 서로 원하는 바를 알아내는 시간을 좋아해.

몇몇은 좀 더 정교하고 좀 우스꽝스러워 보이는 악수를 개발했어. 아예 끌어안기 등 다른 종류의 인사로 바꾼 사람들도 있었고. 아무튼 함께 인사법을 고를 수 있다는 사실에 즐거워했어. 상대방과 내가 원하는 바를 동시에 충족할 수 있어서 좋아했고, 서로 협상하고 맞춰 가는 과정을 재미있어 했어. 최고로 좋은 인사법을 찾아내야 한다는 압박감이나 어색함을 느끼는 사람도 있긴 했지만.

친한 친구나 가족과 함께 인사법 맞추기를 한번 해 봐. 그리고 그 과정이 어떻게 진행되는지 살펴보렴.

합의하여 인사하는 방법

인사를 '이렇게 저렇게 해야 한다'는 이야기를 따르면, 늘 우리가 원하는 방식으로 인사할 수 없어. 가끔은 동의하지 않은 방식으로도 인사해야 해.

　하지만 우린 다른 선택을 할 수 있다는 것을 알게 되었어. 서로 원하는 인사법에 대해 대화를 나누고 서로에게 좋은 인사법을 찾고 합의하여 인사할 수도 있다는 걸 말이야. 많은 사람이 이렇게 하는 걸 좋아해. 이런 걸 불편해하는 사람들도 있긴 하지만.

> 좋은 인사법을 찾으려고
> 노력하는 사람들,
> 그렇지 않은 사람들
> 모두에게 잘 맞는,
> 서로가 만족하며 인사하는
> 방법도 있을까?

　물론 있지!
　친구들과 피자를 먹으러 가서 친구의 친구를 처음 만났다고 치자. 이전에 한 번도 만난 적이 없는데 어떻게 인사할 거야? 우선은 차분하게 무슨 일이 벌어지는지 집중해야겠지.

그 아이가 네 쪽으로 다가오니, 아니면 너에게서 멀어지니?

고개만 살짝 끄덕이며 신체를 접촉하는 인사는 하지 말라는 듯 뒤로 물러서 있니? 아니면 접촉하는 인사도 괜찮다는 듯 너를 향해 다가오니?

그 아이가 손을 내밀고 있다면, 악수를 하려는 듯이 손을 쭉 뻗었니, 주먹 치기를 하려는 듯이 주먹을 쥐고 있니? 그것도 아니면 다가와서 팔이라도 잡거나 포옹하려는 것처럼 보이니?

네가 먼저 다가가면 그 아이도 네게 다가올까, 아니면 한 발짝 뒤로 물러설까?

어떤 느낌이 드니? 내키지 않으면 그냥 팔을 아래로 내려놓으면 돼. 반대로 그 아이의 팔을 잡으려고 한다면 네 움직임에 그 아이가 어떻게 반응하는지 살펴보자.

기억하기 : 만약 다른 사람이 어떻게 느끼는지 확실하지 않으면,

신체를 접촉하는 인사를 한다면 몸이 맞닿는 순간에 **주의를 기울여야** 해. 그래야 상대방 방식에 맞춰 강도를 조절일 수 있거든. 악수를 한다면 너무 조이지도 너무 느슨하지도 않게 말이야. 상대방 손에서 저항감이 느껴진다면 그건 네 방식이 상대방에게 맞지 않는다는 신호야. 그걸 **알아차리기 위해 노력해야** 해. 악수가 언제 시작되고 언제 끝나는지도 알아차려야 해. 그래야 상대방이 손을 놓고 싶어 하는 순간에 맞춰 너도 손을 놓을 수 있어.

악수하는 동안 상대방이 무슨 말을 하는지, 주춤하거나 불편해하지는 않는지도 잘 살펴보자.

어떤 행동을 하는 것보다는 하지 않는 게 더 나아. 언제나 그래.

인사가 괜찮았는지는 나중에 상대의 표정을 보면 **확인할** 수 있어. 이 책을 읽은 사람과 인사한다면 그 사람도 너를 위해 이렇게 노력할 거야. 그럼 정말 멋진 인사를 나눌 수 있을 거고.

다음에 누군가와 인사를 한다면 한번 시도해 봐! 서로가 원하는 방식으로 인사를 하기 위해 차분히 살펴봐. 인사라는 게 단 몇 초 만에 끝나는 거라서 동의를 구하는 일이 어렵긴 하지만, 일상생활에서 동의를 실천할 수 있는 좋은 방법이기도 해. 또한 인사는 사람들 사이의 또 다른 상호 작용을 미리 연습하는 방법이기도 하거든. 그래, 맞아. 이세 성에 대해 이야기힐 차례야.

7장
성에 대하여

인사는 평생 동안 항상 동의를 실천할 수 있는 방법이야. 그래서 인사와 관련된 모든 것이 중요해. 같은 이유로 성에 대한 것도 우리에게 아주아주 중요해.

성은 단순히 피자를 주문하는 것과는 다른 문제야. 인사와 비슷하지. 이제 성에 관해 우리가 어떤 선택을 할 수 있는지, 어떻게 해야 신중하고 자유로운 선택을 할 수 있는지 살펴보려고 해. 그리고 성에 관하여 '동의'를 어렵게 만드는 것이 무엇인지도 이야기해 보자.
네가 아직 성에 대해 배울 준비가 되어 있지 않으면 읽지 않아도 좋아. 이 장을 건너뛰거나, 아니면 책을 잠시 내려놓으렴. 어느 쪽이든 좋아.

성에 대해 '~해야 한다'는 이야기

인사를 꼭 '해야 하고', 어떤 특정한 방식으로 '해야 한다'는 이야기가 있다고 했어. 성에 대해서도 '~해야 한다'는 이야기가 존재해.

모든 사람이 어느 순간 똑같이 성관계에 흥미를 느끼게 된다는 이야기

성관계란, 특정한 순서를 따라야 하는 행위라는 이야기

딱 맞는 사람을 만나면 굳이 이에 대한 이야기를 하지 않아도 좋다는 이야기

모든 사람이 성관계에 관심이 있는 건 아니야. 성적인 관심이나 느낌, 이끌림이나 욕망을 경험하지 않는 사람들도 있어. 무슨 문제가 있다기보다는 그냥 성에 관심이 적거나 없는 거야. 어떤 사람에게 호감이 생기면 성관계에도 관심을 갖게 되는데, 사람마다 차이가 있어. 모두가 성관계를 가지는 데에 관심이 있는 건 아니야.

아직 때가 되지 않아서 관심이 없을 수도 있어. 대부분은 나이가 들고 좋아하는 사람과 사귀는 사이가 되거나 결혼을 하면 성관계를 원해. 나쁘지 않아. 성관계를 하거나 사람들에게 성적으로 끌리는 것에 매우 관심이 많다면, 그것 또한 괜찮아.

그런데 '~해야 한다'는 이야기는
우리가 성에 관심을 가지는
정도에도 어떤 기준이
있다고 느끼게 해.
'적당한 선'이 있다고
믿게 만들어.

그리고 난 그게 마음에 들지 않아.

성과 성관계에 대하여 '~해야 한다'는 이야기

성에 있어 '~해야 한다'는 이야기는 우리를 압박해. 이제부터 두 사람이 성관계를 하는 사진이 나온다고 하면(사실은 없어.) 무엇을 보게 될 거라고 상상하니? 대부분의 사람들은 벌거벗은 남자와 여자가 침대 위에 누워 있고 대개 남자가 여자 위에 있는 장면을 상상해. 이게 바로 '성관계'라고 우리가 전해 들은 이야기야. 성관계라고 '여겨지는' 거지. 성에 관한 조언을 담은 책과 영화나 TV, 성교육 수업에서 흔히 이런 내용을 배워. 수업 시간에는 임신 이야기를 가장 많이 다룰 테고.

하지만 이러한 이야기는 사실과 달라. 이런 종류의 성관계를 할 수 없거나 원하지 않는 사람들도 있어. 예를 들어 장애인이나 노인은 어떠니? 또 동성 간의 관계는? 뭐가 옳고 그르다는 말을 하자는 게 아니야. 이들을 빼고 한 가지 방식만 존재하고 그게 옳은 것처럼 얘기하는 게 잘못되었다는 거지. '당연히 ~할 거다'라는 건 아주 좁은 생각이야.

만약 성관계가 딱 한 가지 방식뿐이라면,
'하는 것'과 '하지 않는 것'밖에는 선택할 수 없어.
우리가 앞에서 본 것처럼, 그건 선택의 여지가 없어.
성관계를 할 때 '하는 것'이라는 생각에 푹 빠져서
성관계란 '이러이러한 것'이라는 이야기만
좇아간다면 함께하는 사람이 무엇을 원하는지에는
주의를 기울일 수 없어.

꼭 이래야 한다는 이야기

1.

2.

3.

4.

*물론, 네가 이렇게 한다고 해서 나쁜 건 아니야.

성관계에
여러 방식이
존재한다면?

인사와 마찬가지로, 성관계가 이래야 한다고 우리가 그동안 알고 있었던 것들 때문에 서로 동의하며 즐거운 성관계를 맺기가 오히려 어려워질 수 있어. 성관계에 '하거나 하지 않는 것'만 있는 게 아니라 매우 매우 여러 가지 것들이 있다면 어떨까? 자신만의 반죽과 소스, 그리고 토핑을 선택할 수 있는 피자와 같다고 생각하면? 네가 원하는 피자를 무엇이든 선택할 수 있는 것처럼, 서로가 원하는 방식으로 상대방과 함께 좋은 성관계를 맺는 방법을 찾아 나갈 수 있어.

그래프를 상상해 봐. 그래프 왼쪽에는 닿아도 되는 어떤 사람 몸의 모든 부분이 있고, 그래프 아래쪽에는 가능한 모든 방법으로 닿아도 되는 또 다른 사람 몸의 모든 부분이 있어. 복잡하지? 아무튼 그러면 그래프 안에는 아주 다양한 것들이 존재해. 예를 들어, 네 손가락으로 누군가의 머리카락이나 얼굴 또는 무릎을 쓰다듬는다든지, 네 얼굴을 다른 사람 얼굴에 갖다 댈 수 있지. 다른 사람의 신체와 접촉하는 방법은 아주아주 다양해. 하지만 성관계라는, 건 단지 신체적 접촉만은 아니야. 성관계는 우리가 말하고 듣고 보고 상상하는 것 모두를 포함해.

무엇이든 가능한 피자를 고르는 것처럼 선택의 여지가 너무 많다고 느껴질 수도 있어. 그래도 괜찮아. 모든 걸 좋아할 필요도 없고 그럴 수도 없어. 좋은지 싫은지 잘 모를 수도 있지. 중요한 건 너와 다른 누군가가 합의하여 어떤 것이 좋은지 알아내려고 노력해야 한다는 거야. 또 그러기 위해서는 일이 벌어지기 전에 대화를 해야 하고. 상황에 따라서는, 서로 무엇을 원하는지 이야기하고 어떻게 할지를 맞춰 나가기가 생각보다 복잡하고 어려운 일이 될 수도 있어. 서로에게 적절한 인사법을 찾아 맞춰 나가는 일처럼 말이야. 하지만 성관계에서는 서로 협의하고 맞춰 나가는 일이 인사에서보다 훨씬 더 중요해.

**성관계가 단지 한 가지가 아니라는 걸 기억해.
또한, 다른 사람에게 할 수 있는 유일한 일도 아니야.
성관계는 우리 스스로에 의한 것이면서
동시에 다른 사람과 함께하는 일이기도 해.
다른 사람과 함께 나누는 활동이지.**

전 세계에 걸쳐, 법적으로 성관계가 가능한 나이는 대부분 만 16세에서 18세 사이야. 나이가 어린 사람을 학대로부터 보호하기 위해 이런 법이 필요해. (몇몇 나라에서는 같은 성별의 사람과 성관계를 하는 건 불법이야.) 네가 사는 나라에서는 합법적으로 성관계가 가능한 나이가 몇 살부터이니?

성에 대해 말하는 일에 대한 이야기

성관계는 매우 다양하니까 네가 하고 싶은 그걸 선택하면 돼. 그런데 네가 원하는 성관계에 대해서 어떻게 말해야 할까? 더군다나 서로 협의할 점이 있다면? 많은 사람이 성관계에 대해 말하라고 하면 안절부절못하곤 해. 하고 싶은 걸 선택하는 연습을 해 본 적이 별로 없어서 그럴 수도 있지만, 어쨌든 '성'이라는 것 자체가 사람들이 말하기 어려워하는 주제인 건 분명해.

안타깝게도 성에 대해 이야기하면서 찜찜해하거나 수치심을 느끼는 경우도 많아. 어떤 사람들은 특히 더 그래.(이 부분에 대해서는 나중에 다시 이야기하겠지만.) 우리는 성이나 성관계에 대해서는 언급하지 말아야 한다고 배워 왔어. 예의에 어긋난다면서 말이야. 하지만 때때로 어른들은 성관계를 하기 전에 '그것'에 대해 얘기할 줄 알아야 한다고 말하기도 해. 얘기를 할 수 없으면 '그걸' 해서는 안 된다고도 하는데 사실 좀 모순적이고 혼란스럽지.

성에 대하여 말하는 일은 네가 어떤 성교육을 받았느냐와 관련이 있어. 가정이나 학교에서 제대로 성교육을 받았다면, 성에 대해 말하는 연습을 해 봤을 테고 따라서 이에 대해 말하는 게 덜 어색할 거야. 그렇지 않다면 성에 대해 말하는 일이 낯설고 당황스럽겠지. 나중에 네가 성관계를 맺고 싶은 사람이 있고 머릿속이 민망한 생각으로 가득 차 있다면 그걸 말로 표현하는 것도 좋을 것 같아. "있지, 성관계에 대해 이야기할 때가 된 것 같아. 하지만 '언제, 어떻게, 무엇을' 해야 하는지, 그런 걸 어떻게 말로 해야 할지 모르겠어. 우리 같이 이야기 좀 할 수 있을까?" 이렇게 말이야.

어색하다는 사실을 이야기하면 오히려 어색함을 어느 정도 해소할 수 있어. 아무 말도 하지 않는 것보다 어색해서 뭘 해야 할지 잘 모르겠다는 걸 인정하는 게 더 나아. 성관계를 많이 해 본 어른도 마찬가지야. 서로 이야기하는 시간을 가지는 게 더 좋다고 난 생각해. 그러니까 네가 원한다면 성관계를 어떻게 시작할지 이야기하는 일을 시작할 수 있다는 뜻이야.

이는 성관계에서 동의를 실천하는 일이기도 해. 그런데 자신이 원하는 것을 아주 분명하게 말할 수 있는 사람도 있지만, 안 그런 사람도 있잖아. 네가 만약 그렇다면 다음과 같이 해 보자.

- 한 사람이 먼저 자신이 하고 싶은 것을 몇 가지 제안하기.
- 원한다면 '~해야 한다'는 이야기를 따라도 되지만, 대신에 어떤 것이든 천천히 하고 멈추고 싶거나 바꾸고 싶은 부분이 있다면 그렇게 할 수 있도록 하기.
- 제안한 것 가운데 두어 가지를 천천히 시도해 보기.
- 어떤 상황인지 살피고 서로 합의할 수 것이 무엇인지 이야기 나누기.
- 네가 하고 싶은 것과 그 방법에 대해 메시지를 보내기보다는 직접 보고 말하기.
- 성관계를 하는 동안 대화를 나누어도 괜찮은지 이야기하기.
  예를 들어, 가끔 대화하는 건 괜찮지만 항상 좋은 건 아니라고 말하기.
- 거절하는 방법에 대하여 합의하기.
  예를 들어, 한 사람이 좋지 않다고 말하면 그만둘 거라고 말하기.

하고 싶은 것을
명확하게 말하는 법

앞서 보았듯이 피자 가게에서 우리에게 피자에 관하여 어떤 선택을 할 수 있는지 알려 주면 선택을 하는 데에 도움이 되었어. 성에 있어서도 그런 게 필요해. 성과 관련하여 할 수 있는 것들이 아주아주 많지만 무턱대고 그걸 시도하기보다는, 사람들에게 친숙한 행위들을 추린 메뉴 같은 게 있으면 선택하는 데에 도움이 될 거야.

하지만 친숙한 행위들을 추려 놓은 목록을 모든 사람이 좋아하는 건 아니라는 걸 기억해. 이 점이 가장 중요해. 이거 말고 다른 어떤 것들을 좋아하는 사람도 있을 수 있어.

성에 관하여 선택하기에 충분한 나이가 되고, 함께 이야기를 나눌 상대가 생겼다고 생각해 보자. 추려 놓은 각각의 행위들에 대하여 어떤 느낌이 드는지 자기 자신이나 상대방에게 물어볼 수 있겠지. '하고 싶지 않아.', '괜찮을 것 같아.' 또는 '해도 좋아.'라고 대답하거나 −10부터 0을 거쳐 +10까지 점수를 매길 수도 있을 거야.

이렇게 이야기를 나누면, 적어도 어떻게 시작해야 할지는 알 수 있고 그러면 성에 대하여 조금은 쉽게 접근할 수 있어.

　피자와 마찬가지로, 넌 선택할 권리가 있고 원하지 않는 걸 하지 않을 권리도 있어. 채소가 들어간 피자에서 버섯을 뺄 수 있듯이, 키스할 때 손을 잡는 게 싫다면 그걸 빼면 돼. 성에 대해 더 많이 배우고 경험하면 네가 좋아할 만한 것들의 목록을 늘리고 자신만의 메뉴판을 크게 만들 수 있을 거야. 물론 목록이 짧아도 문제없어. 그래도 괜찮아.

만약 엄청나게 긴 목록을 앞에 두고 있다면 가장 먼저 쉽게 할 수 있는 일은 정말로 원하지 않는 것, 할 수 없는 것이 무엇인지 생각하고 목록에서 빼는 거야. '우리가 함께 시간을 보낼 때, 정말로 싫거나 원치 않는 게 무엇일까?' 하고 서로에게 질문을 던지는 거지. 좋아하지 않는 것에 대해 대답하는 건 보다 쉬워서 무엇을 할지 정하는 일을 수월하게 해 줘.

성에 대한 생각이 단 한 가지가 아니라 아주아주 다양하다고 여기면, 마치 사람들이 성에 관심이 많구나 하고 느끼게 돼. 하지만 만약 네가 어떤 행위에 대해 대부분, 혹은 전부 다 '하고 싶지 않아.'라고 생각해도 그닥 이상하지 않아. 네가 성관계에 관심이 없다고 해도 괜찮아. 지금이든, 앞으로든 언제든 말이야.

무언가를 해 보기 전에는 그 일을 좋아하게 될지 우린 알지 못해. 좋아하는 것과 좋아하지 않는 것을 아는 방법 가운데 하나는 실제로 해 보는 거야. 하지만 해 보지 않고 꽤 잘 추측할 수 있는 방법도 있어. 성에 있어 우리가 과연 준비가 되었는지 관심이 생겼는지를 알아보는 건데, 우리 자신의 몸을 면밀히 살펴보거나 우리 몸이 어떻게 느끼는지를 알기 위해 만져도 보는 거야.

네가 나중에 성관계에 대한 확신이 서지 않는다면 무슨 문제가 있어서라기보다는 더 배우고 싶은 마음이 들어서일 거야. 또 좀 더 안심이 되거나 편안한 상태로 만들어 줄 수 있는 걸 찾고 싶어서일지도 몰라.

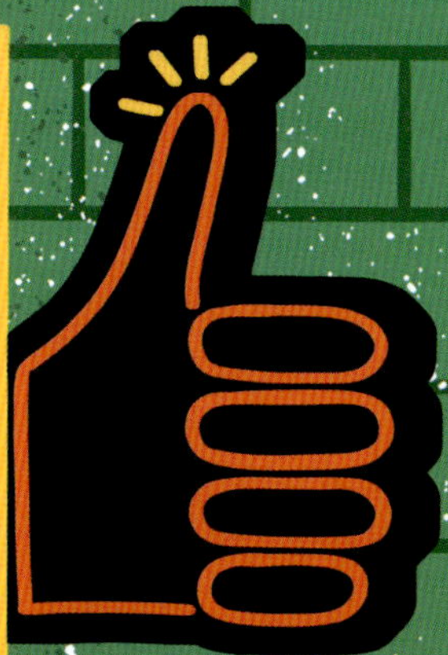

네가 선택할 수 있는 것들에 대해 배우기 시작할 때 알아 두어야 할 게 있어. 성에 있어서 네가 매우 좋아하는 것들이 있을 거야. 그러나 어떤 것을 좋아하다가도 갑자기 전혀 좋아하지 않는다는 걸 깨달을 수도 있거든. 성에 있어서는 '예'가 빠르게 '아니요'가 될 수도 있어. 언제든 '아니요'라고 말해도 괜찮아. 나도 상대방도 멈추는 일이 괜찮다고 여겨야 해.

점수 매기기

각각 다른 여러 종류의 성관계에 대하여 '예', '아니요' 또는 '아마도'라고 말하기만 해도 우리에게는 선택할 수 있는 사항이 꽤 많아져. 여기에서 선택의 여지를 더 늘리기 위해 각각의 성적인 활동에 점수를 매겨 볼 수 있어. 그러면서 네가 각 활동에 얼마나 관심이 있는지를 두고 가볍게 상대와 이야기를 나눌 수 있지.

다음과 같이 예를 들어 볼게.

-10 -------------------- 0 -------------------- +10
정말 하고 싶지 않아.　　　잘 모르겠어. 하든 말든 상관없어.　　　정말 하고 싶어.

어떤 일을 얼마나 하고 싶은지 명확하게 하면, 누구를 위한 일인지도 알게 돼. 자신을 위한 일인지, 다른 사람을 위한 일인지, 또는 서로를 위한 일인지.

만약 어떤 행위나 활동에 대한 너의 점수가 +2이고, 상대방 점수가 +9라면, 그 일을 할 때 너도 꽤 행복할 거야. 상대가 아주 좋아하는 일이라는 걸 네가 알아서 더 그래. 다른 사람과 함께 즐기는 건 좋은 일이야. 상대가 즐거워하면 너는 더 기쁠 거야. 그리고 나면 고양이에게 하듯이 상대방에게 네 목을 쓰다듬어 달라며 네가 좋아하는 걸 요구할 수도 있어.

동의가 이루어지려면 원하지 않는 일을 서로에게 해선 안 돼. 그래서 만약 상대

방의 점수가 -2라면, 다른 말을 하지 않는 한 '아니요'로 받아들여야 해. 상대방의 점수가 +점수 어딘가에 있다면, 네 점수가 좀 다르더라도 그 일을 시도해 볼 수 있겠지. 그렇게 하지 않으면 성관계에 있어서 서로 원하는 바를 놓칠 수도 있으니까. 준비가 되었다면, 성관계를 하기 전에 이런 종류의 대화를 나눠 보렴. 직접 얼굴 보고 할 수도 있고 문자로 주고받을 수도 있어.

문자 주고받기

문자로 생각을 주고받으면 말로 바로 할 때보다 딱 맞는 표현을 찾을 여유가 생겨. 그래서 경우에 따라서는 무얼 좋아하고 좋아하지 않는지 이야기하기에 좋은 방법이 돼. 어떤 일을 구체적으로 요구하거나 정말 좋아하지 않는 게 있다면 그게 뭔지 전달할 때도 유용해. 말과 문자를 모두 적절히 활용하는 것도 좋아.

네가 나중에 성관계를 하게 되었을 때 관계 뒤에 의사소통할 때도 문자를 활용할 수 있어. 뭐가 잘되었고 다음에는 어땠으면 좋겠는데, 하고 수다를 떠는 것도 서로에게 애정을 표현하는 방법이야. 마치 운동 경기를 치르고 나서 분석하는 일과도 조금 비슷해.

하지만 이런 식의 이야기를 나누는 일을 넘어서는 내용을 문자로 보낸다면 주의해야 해. 즉, 성적인 행위를 암시하거나 표현하는 내용을 문자로 보낼 때는 서로 합의한 상태에서 안전하게 보내는 건지 확실히 해야 해.

어떻게 의사소통해야 할까?

성관계를 시작할 시기가 되었을 때 가장 중요한 건, 어떤 순간에도 상대방과 소통을 해야 한다는 거야. 또 시작하기 전에는 물론, 관계가 이루어지는 모든 순간에 동의가 이루어져야 해.

관계를 하기 전에 이런 이야기를 할 수 없거나 하고 싶지 않았더라도 관계가 이루어지는 동안에는 꼭 상대방과 의사소통을 할 수 있어야 해. 미리 하고 싶은 일을 이야기했더라도 언제든지 마음을 바꿔도 좋아. 의사소통할 때는 사소한 보디랭귀지를 잘 살펴보면 도움이 돼. 인사할 때 서로 합의점을 찾아 나가는 일과도 비슷해. 서로의 보디랭귀지를 보면서 어떻게 인사하는 게 좋을지 이야기를 나누고 인사법에 대해 합의한 것처럼 이번에도 마찬가지야.

물론 이런 게 모든 사람에게 좋은 건 아니야. 모든 사람이 이렇게 할 수 있는 것도 아니고. 보거나 듣는 데 어려움이 있는 사람도 있을 수 있잖아. 어떤 일에 대한 반응은 저마다 다를 수 있어. 우린 모두 다르다는 걸 기억해. 그러니 성관계 과정에서 상대방과 의사소통을 하기 위해 저마다 다른 방법을 사용하는 것도 괜찮아.

의사소통을 잘하기 위해서는 조급한 마음을 버리고 천천히 과정을 밟아 나가는 일이 필요해. 그러면서 서로의 상태를 계속해서 살펴야 하지.

때로는 이런 일이 분위기를 망친다는 생각이 들 수도 있겠지만, 그래도 소통은 꼭 필요해. 성관계에 있어 합의점을 찾기 위해서는 아예 관계를 하지 않아도 괜찮다는 것도 명심해.

눈 맞춤

우리는 때때로 누군가의 눈을 들여다보면서 그 사람의 마음을 읽을 수 있어. 고개를 끄덕인다든지 미소를 짓거나 '응.'이라고 말한다면 더 명확히 알 수 있지. 상대방이 '예'라고 하는지, '아니요'라고 하는지도 눈을 통해 알 수 있어. 만약 상대방이 다른 곳에 시선을 둔다면 지금 일어나고 있는 일에 그다지 관심이 없다는 뜻일 수 있어. 아님 자기 나름대로 충분히 즐거운 시간을 보내고 있다는 뜻일 수도 있고. 단순히 눈 맞춤을 좋아하지 않는다는 뜻일 수도 있지. 어떤 사람들은 눈을 마주치는 걸 좀 부담스러워 하거든.

눈 맞춤은 의미하는 바가 다양해서 경우에 따라 다르게 해석할 수 있어. 보디랭귀지를 주의 깊게 함께 살펴야 그 의미를 제대로 이해할 수 있지. 그래도 잘 모르겠으면 행위나 대화를 멈추고 상대방의 기분이 어떤지 물어봐야 해.

같은 사람이라도 항상 같진 않아.

성적인 메시지를 담은 표정은 매번 다르고 가끔은 혼란스러워. 그래서 확인하는 게 중요해. 서로 성관계하는 게 처음이라면 상대방의 표정을 잘 살피고, 상대방의 말을 주의 깊게 듣고, 때로는 상대방이 말할 때 입술 모양도 살펴야 해. 처음 성관계를 할 때 얼굴을 마주 보는 걸 추천하는 이유야. 만약 어둡거나 잘 볼 수 없는 경우라면, 다른 방법도 있어. 알려 줄게.

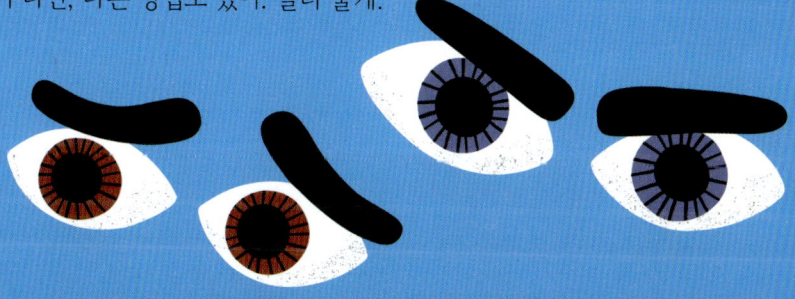

소리

성관계를 할 때 소리를 내는 사람들도 있어. 또 한편으론 소리를 전혀 내지 않는 경우도 있고. 어떤 사람들은 소리를 내는 걸 부끄러워해. 만약 누군가 성관계를 하는 동안 소리를 내지 않고 조용하다면 그것도 괜찮아.

어떤 소리를 내느냐는 아주 사적인 일이라서 사람마다 달라. 때로는 즐거워하는 소리가 마치 고통스러워하는 소리처럼 들려서 혼란스러울 수 있지.

상대방이 내는 소리가 어떤 의미인지 잘 모르겠다면, 잠시 멈추고 확인하는 게 좋아. 언제나 조심해야 한다는 걸 잊지 마.

누군가가 '아니.', '멈춰.'라고 외치지 않는다고 해서 그게 곧 행복하다는 뜻은 아니야.

천천히 그래! 빠르게!

말

성관계에 대해 신중히 접근하여 천천히 시작했고 단계를 잘 밟아 나가고 있다면, 성관계가 진행되는 동안 잘되고 있다고 말해도 돼. 또 원하는 바를 짧게 말하는 것도 괜찮아. 짧아야 말하기가 쉬우니까.

상대방이 좋아하는 일을 하도록 격려해도 돼.

종종 숨소리에도 귀를 기울여야 해. 숨을 급하게 들이마시는 건 어딘가 아프거나 깜짝 놀랐다는 의미일 수 있어. 만약 상대방이 졸거나 잠들어 있다면 당장 멈춰야 해.

지금 여기

왜냐하면 깨어 있지 않은 사람은
동의할 수 없기 때문이야.

손

네가 원하면 성관계에서 손을 사용해도 돼. 축구처럼 손을 쓰지 말라는 법은 없지. 만약 상대방이 네가 원하지 않는 곳을 원하지 않는 방식으로 접촉하려고 한다면, 상대방의 손을 다른 곳으로 옮겨도 좋아. 반대로 상대방의 손을 네가 원하는 곳과 방식으로 안내할 수도 있고.

손을 사용하여 주고받는 신호에 대해 미리 이야기를 나눠 보는 것도 좋아. 네가 손으로 보내는 신호가 어떤 뜻인지 상대방에게 알려 주는 거야.

성관계를 하는 동안 말하는 걸 좋아하지 않거나, 시각이나 청각에 문제가 있는 경우에는 이런 소통 방식이 더욱 필요해.

상대방의 몸이 자극을 받은 것 같더라도 그게 곧 성관계를 하고 싶어 한다거나 계속하기를 원하는 건 아니라는 걸 기억해. 상대의 몸이 나한테서 멀어지거나 수동적으로 움직이거나 그 공간을 벗어나려고 한다면, 그건 상대방이 행복하지 않다는 표시야.

상대방이 경련을 일으키거나 긴장하고 있지는 않은지 살펴보는 일도 필요해. 그건 뭔가 잘못되었다는 신호니까.

하지만 기억해. 사람들은 모두 다른 방식으로 반응한다는 걸. 그건 서로 합의한 성관계에서도 그렇고, 합의되지 않는 성관계일 때도 그래. (합의되지 않은 성관계를 '성폭력'이라고 해.)

몸

멈추어야 할 때

분위기를 가라앉혀서
모든 것을 멈추고, 상대방과
대화해야 할 때가 있어.

- 상대방이 불행해 보이거나 함께하지 않는 경우
- 익숙하지 않은 것을 시도하려는 경우
- 너 자신이 불편하고 고통스럽거나,
  상대가 그렇게 보이는 경우

꼭 기억해. 어렵지 않아. 불편할 때는
'아니.', '멈춰.', '기다려.'라고 말하면 돼.
만약 상대방이 너에게 이렇게 말한다면
너도 즉시 멈춰야 해.

8장

별로야, 하지 말자

어떤 일을 하지 않는 건, 어떤 상황에서도 괜찮아야 해. 그런데 종종 안 그럴 때가 있어.

우리는 대부분 학교나 직장에서 해야 할 일이 있어. 다른 사람이 요구한 일을 해야 한다는 압박도 많이 받아. 우리와 가까운 사람들이 우리에게 바라는 일도 우리를 압박해. 우리 자신보다는 주변 사람들을 기쁘게 하기 위해 하는 일이지. 가끔은 우리 사회가 우리에게 바라는 일도 해야 해.

　나를 제외한 다른 모든 사람이 무언가를 하고 있거나, 그렇다고 여겨지면 우리는 압박을 받아. '다른 애들이 다 이걸 하는 것 같으니 나도 그래야 할 것 같아.' 이런 식인데, 아마 너도 뭔지 알 거야. 나도 그럴 때가 있어. 횡단보도에 서 있다가 사람들이 우르르 길을 건너기 시작하면 나도 길을 건너려고 하는 거야. 실제로 길을 건너도 좋은지 안전한지는 생각해 보지 않고 사람들이 모두 걷기 시작하니까 나도 따라서 걷기 시작하는 거지. 이건 누구나 겪을 수 있는 일이야.

　다른 종류의 압박도 있어. 모든 일에는 정해진 단계가 있다고 여기는 데서 오는 압박인데, '이 단계를 거쳤으면 무조건 다음 단계로 넘어가야지.'라고 생각하는 거야. 그게 성관계일 수 있고, 친구 사귀기일 수도 있고, 인사일 수도 있어. 잘 모르는 사이일 때는 고개를 살짝 숙이지만, 몇 번 만나고 나서는 다음 단계로 넘어가서 손을 잡으면서 인사해도 된다고 여기게 되지. 난 이런 일에는 꽤 의연한 편인 것 같아. 내 친구 중 하나는 다른 사람하고 손이 닿는 걸 정말 싫어하는데 악수해야 하는 단계이기 때문에 악수를 해야 한다고 생각하더라고. 사실은 그냥 스스로가 편안하다고 느끼는 단계에 머물러 있어도 되는데 말이야.

편안한 상태로 계속 있어도 괜찮아.

　영화, TV, 노래 또는 인터넷에 떠도는 이야기에도 이러한 압박은 존재해. 로맨틱한 드라마에서는 등장인물이 꼭 누군가에게 청혼을 해야 한다거나 못되게 구

는 사람이 있으면 용감하게 맞서야 한다거나 하는 식으로 말이야.

그런데 말이야. 살면서 가끔은 무언가를 하지 않는 게 진짜 용감한 일일 수도 있어. 하지 않는 것보다 그냥 하는 게 더 쉬울 수 있다는 뜻이야. 다른 사람들이 다 보니까 좋아하지도 않는 영화를 보는 일처럼 말이지. 하지만 해야 할 것만 같은 압박감 때문에 어떤 일을 하면 우리 자신이나 다른 사람들이 정말로 원하거나 필요로 하는 것에 대해 생각하지 않았다는 뜻이 돼. 그래서 오히려 우리 자신이나 사람들에게 상처를 줄 수도 있어. 이런 건 동의를 실천하는 생활하고는 거리가 멀어.

'~해야 한다'는 이야기를 다시 떠올려 보자. 이런 압박은 아주 강해. 난 이제 40대 중반이지만 아직도 '~해야 한다'는 이야기가 주는 압박감을 이겨 내려고 분투하고 있어.

진짜 용감한 일은 압박감을 이겨 내고 상대와 대화하며 서로에게 선택의 여지를 주는 거야. 또 서로를 살피고 자기 자신과 상대에게 좋은 일을 하는 방법을 찾는 거야. 어떤 일을 하는 것보다 더 중요한 건 '동의'를 실천하는 일이야. 진심으로 자기 자신은 물론 다른 사람들에게 동의한다면, 우리는 무엇이든 훨씬 수월하게 할 수 있어. 다른 일도 더 많이 할 수 있지. 동의를 잘 알면 이런 게 가능해.

**어떤 일을 하는 것 자체보다
'동의'를 실천하는 과정이 더 중요해.**

대화를 나누고, 서로에게 선택의 여지를 주고,
서로를 살피고, 자신과 상대에게
좋은 일을 할 수 있는 방법을 찾자.

술과 약물

술에 대한 이야기도 해 볼게. 많은 사람들이 술을 마시거나 약물을 복용하면 긴장을 풀거나 자신감을 갖고 덜 움츠러드는 데에 도움이 된다고 생각해. 특히 성관계를 할 때 그렇다고 여기지.

하지만 여기에는 문제가 있어. 술과 약물에 취하면 서로 동의를 구하는 일이 더 어려워져. 이 책에서 내내 다루었듯이, 동의는 자유와 선택에 관한 거야. 술을 더 마시거나 약물을 복용할수록 우리가 가진 선택의 폭이 더 줄어들고 말아. 우리가 무엇을 하는지 모르는 멍한 상태가 되어 제정신이 아닐 테니까.

술이나 약물에 취하면, 상대방이 하는 말을 정확하게 이해하거나 대화하는 데에 어려움이 생겨. 당연히 합의에 이르기도 어려워. 술과 약물이 합의하지 않은 일이 일어난 것에 대한 변명이 되지 않는다는 걸 기억해. 오히려 '합의를 하지 않았다.'는 증거인 경우가 많아.

만약 합의하지 않은 일이 일어나면 어떡하지?

합의하지 않은 일들은 늘 생겨. 우리가 그런 일을 당할 수도, 저지를 수도 있어. 길에서 누군가와 부딪히는 것처럼 의도하지 않았고 실제로 그닥 해를 끼치지도 않는 일을 떠올려 봐. 내가 미안하다고 하면 상대는 '괜찮아요.'라고 말하고, 둘은 가던 길을 계속 가겠지. 그러나 때로는 합의하지 않은 일 때문에 이보다 훨씬 심각한 일도 생겨. 이러한 일이 생기면 우린 무엇을 할 수 있을까?

신고하기

합의하지 않은 상황에 처했다는 걸 알게 되었을 때는 먼저 무슨 일이 일어났는지 사람들에게 알리고 신고를 해야 해. 내게 피해를 입힌 사람에게 책임을 묻고 다른 사람의 도움을 받기 위해서야. 만약 그 일이 폭력이나 성폭력처럼 심각한 범죄라면 경찰에 신고하거나 전문 상담소에 도움을 청하자. 학교나 직장에서 일어난 일이라면, 담당자를 찾아서 알리면 돼. 보통 조직마다 이런 일을 전담하는 사람이 있어. 그 사람이 어떤 정책이 있는지, 어떤 지원을 기대할 수 있는지, 가해자에게 어떻게 책임을 물을 수 있을지를 알려 줄 거야.

도움 청하기

나를 도울 수 있는 믿을 만한 사람, 현명한 사람(물론 가해자가 아닌 사람)에게 도움을 청하는 건 좋은 생각이야. 동의하지 않은 일이나 상황과 마주쳤을 때 혼자서 적절히 반응하고 대처하는 건 아주 어려운 일이거든. 그런 상황에 처하면 감정이나 생각, 행동까지 모두 혼란스러울 거야. 스스로를 지키기 위해 싸우거나 도망을 쳐야 할 수도 있어. 누군가로부터 공격을 받아서 우리 몸이 제압당하고 스스로 그 상황을 통제할 수 없을 때는 어떻게 대응해야 할지 방법을 찾기가 대단히 어려워. 그럴 때 나를 도울 수 있는 사람과 함께 있는 건 아주아주 중요해.

반대로 동의하지 않은 일을 겪은 사람으로부터 도와 달라는 요청을 받았다면, 그 사람이 원하는 방향으로 조율해 나가며 문제를 함께 해결하기 위해 노력해야 해. 가장 중요한 건 가능한 한 그들에게 동의를 구하는 거야. 어떤 지원을 원하는지 물어보고 선택의 여지를 주어야 해. 이런 문제를 해결하는 데에는 선택할 수 있는 힘과 능력, 자유가 꼭 필요해.

누군가에게 피해를 입혔다면

만약 네가 다른 사람에게 상처를 주거나 피해를 입혔다면, 일단 그 사람이 원하는 바를 들어야 해. 당장은 너에게서 떨어져 있기를 원할지도 몰라. 시간이 조금 지나고 그 사람이 원할 때 대화할 수 있을 거야. 직접 말하려고 할 수도 있고, 다른 사람을 통해 대신 말해 달라고 할 수도 있어. 아마 네게 물어볼 거야. 그 일을 반성하고 책임을 지며 다시는 그런 일을 하지 않을 거라는 걸 보여 주기 위해 무엇을 할 거냐고 말이지.

9장
집단에서의 동의

우리가 무엇을 하든 대부분은 여럿이서 함께해야 해.

친구나 가족과 어울릴 때, 교실에서 수업을 들을 때, 또래 모임에 갔을 때, 스포츠나 음악 활동을 할 때처럼 여러 사람과 함께할 때는 어떻게 동의를 실천해야 할까?

여럿이 함께하는 상황에도 지금까지 다룬 내용을 적용할 수 있어. 이때도 가능한 한 모두가 동의할 수 있는 지점을 찾기 위해 노력해야 해. 사람이 많으면 더 다양한 요구 사항이 생기고, 모두를 기쁘게 하는 단 한 가지 방법을 찾기는 어려워. 그래도 가장 좋은 방법을 찾으려면 대립하는 의견들 사이에서 균형을 잘 잡아야 해. 각자가 정확하게 원하는 걸 선택하지 못하더라도, 결국은 서로 양보하게 돼. 왜냐하면 그렇게 해야 모두에게 더 큰 보상이 주어질 걸 우리가 알기 때문이야.

우리 각자가 선택할 수 있는 힘을 가지고 다른 사람과 함께하면 그 힘이 모여 공동의 힘과 권리가 생겨. 그러면 훨씬 재미있을 뿐 아니라 더 많은 걸 이룰 수 있어.

친구들과 영화 보러 가기

친한 친구들과 영화를 보러 간다고 치자. 넌 영화 A가 정말 보고 싶은데, 나머지 다른 친구들은 모두 영화 B가 보고 싶다고 해. 영화 B에 대한 너의 점수는 +4이지만, 친구들의 점수는 +8~9야. 어쩌면 넌 친구들을 따라갈 수도 있어. 친구들과 함께하는 시간이 소중하고 함께 영화를 보는 경험이 재미있다는 걸 잘 아니까. 영화를 보고 나면 너도 그 영화를 좋아할 수도 있고, 역시나 예상했던 것처럼 길고 지루한 영화라는 생각이 들지도 몰라. 그럼 친구들한테 '그것 봐. 내가 그럴 것 같다고 했잖아.'라고 말할 수 있을 거야.

하지만 그 영화가 진짜 보기 싫다면 어떻게 해야 할까? '있지, 난 정말 그 영화 보고 싶지 않아. 이걸 보러 간다면 억지로 가는 거나 마찬가지야.' 친구들한테 이렇게 말할 수도 있어. 그럼 친구들은 이렇게 말할 거야. '그래? 알려 줘서 고마워. A나 B말고 다른 영화를 골라 보자.' 친구들 말대로 새로운 영화를 찾거나, 아님 아예 둘로 나눠서 각자 보고 싶은 영화를 보고 다시 만나서 같이 노는 것도 괜찮을

것 같아.

　다른 사람에게 요구 사항을 말하고 들어 달라고 하는 일은 언제나 어려워. 여러 사람 사이에서는 더 그래. 우리 모두 다른 사람들을 실망시키고 싶지는 않잖아. 주변 사람들의 시선도 신경이 쓰여. 하지만 이렇게 되면 선택의 여지가 없다고 느끼기가 쉬워. 어떤 상황에서는 다른 사람에게 '아니요'라고 말하는 것이 스스로에게는 '예'라고 말하는 일과 같아.

　어떤 집단에서든, 이와 같은 다른 사람과의 상호 작용을 잘 이해하는 일은 중요해. 선택의 여지가 없다는 건 정말 기분 나쁘잖아. 집단 안에서는 소외감을 느끼기가 쉬운데, 무척 상처가 되는 일이지. 만약 네가 여러 사람 사이에서도 자신 있게 의견을 말하는 편이라면, 나서서 도움을 줄 수도 있어. 이렇게 말하는 거야. '이 영화 보는 거 어떤지 각자 얘기해 보면 어때?', '어떤 영화를 볼지 영화마다 −10부터 +10까지 점수 매겨 볼까?' 이런 질문을 통해 어떤 선택이 모두에게 괜찮은지 확인할 수 있어. 모두 좋아하는지, 아님 몇몇은 별로 좋아하지 않는지 말이야. 좋아하지 않는 사람이 있다면 다른 새로운 방법을 떠올리고 제시해도 좋아.

팀워크

하나의 팀을 이룰 때 우리는 아주 특별한 애정을 느껴. 모두가 함께 성취하고자 하는 목표와 목적의식이 있다면, 목표를 이루는 과정에서 서로 양보하며 참고 견딜 수 있어. 각자 맡은 역할에 따라 해야 할 일이 있다면 더욱 그럴 거고. 팀에서는 각자 자기 역량에 맞는 역할을 잘 해내는 게 중요해. 그러려면 팀에 어떤 역할이 있는지 살펴보고, 누가 어떤 역할을 맡는 게 좋을지 상의해야 해. 미드필드에서 뛰려면 패스를 잘 해야 하고, 빠르게 달릴 수 있는 사람은 경기장 측면에서 뛰는 윙플레이어가, 손이 큰 사람은 골키퍼가 잘 맞을 거야.

　어떤 사람은 팀을 이끄는 리더 역할을 잘하고, 어떤 사람은 여러 의견을 조율하고 중재하는 역할을 잘해. 아이디어를 잘 떠올리는 사람이 있는가 하면, 그 아이디어를 실제 행동으로 잘 옮기는 사람이 있어. 각자 자기에게 잘 맞는 역할을 찾는 일은 팀 내에서 꽤 자연스럽게 이루어져. 물론 이때도 모든 사람에게 선택의 여지가 주어져야 해. 또 나를 위한 선택이 팀 전체를 위한 선택인지도 고려해야 해. 팀에서의 동의란 이런 거야. 이런 일을 잘 해내면 함께 기뻐할 수 있어. 서로 합의한 방식으로 의사소통을 하면 팀에서의 동의를 이끌어 내는 데에 도움이 돼.

앞에서 모든 사람이 똑같이 선택의 자유를 갖는 건 아니라고 말했어. 이제 그 이야기를 좀 더 해 보려고 해. 몇몇 사람들은 원하는 걸 선택하고 요청하는 게 더 쉬워. 힘과 권리를 더 많이 가졌기 때문인데, 여기에는 몇 가지 이유가 있어.

알겠니? 각자 누릴 수 있는 자유의 정도가 다르다는 걸 말이야. '정치적인' 이야기가 될 수도 있는데, 이건 정말 아주아주 중요해.

10장
젠더

어떻게 살아야 할지, 어떤 것을 선택할 수 있고 동의할 수 있는지에 대하여 남성과 여성이 사회로부터 받는 메시지는 매우 달라.

남성과 여성이 아주 많이 다르고, 그렇기 때문에 다르게 대해야 한다는 생각은 수백 년 동안 지속되었어. 하지만 이건 사실이 아니야. 또 옳지도 않아.

하나 더 기억해야 할 사실은 우리 사회에 남성과 여성 외에 다른 성도 존재한다는 거야. 남성과 여성이 아닌 성 정체성을 가진 사람들도 우리와 함께 살고 있거든.

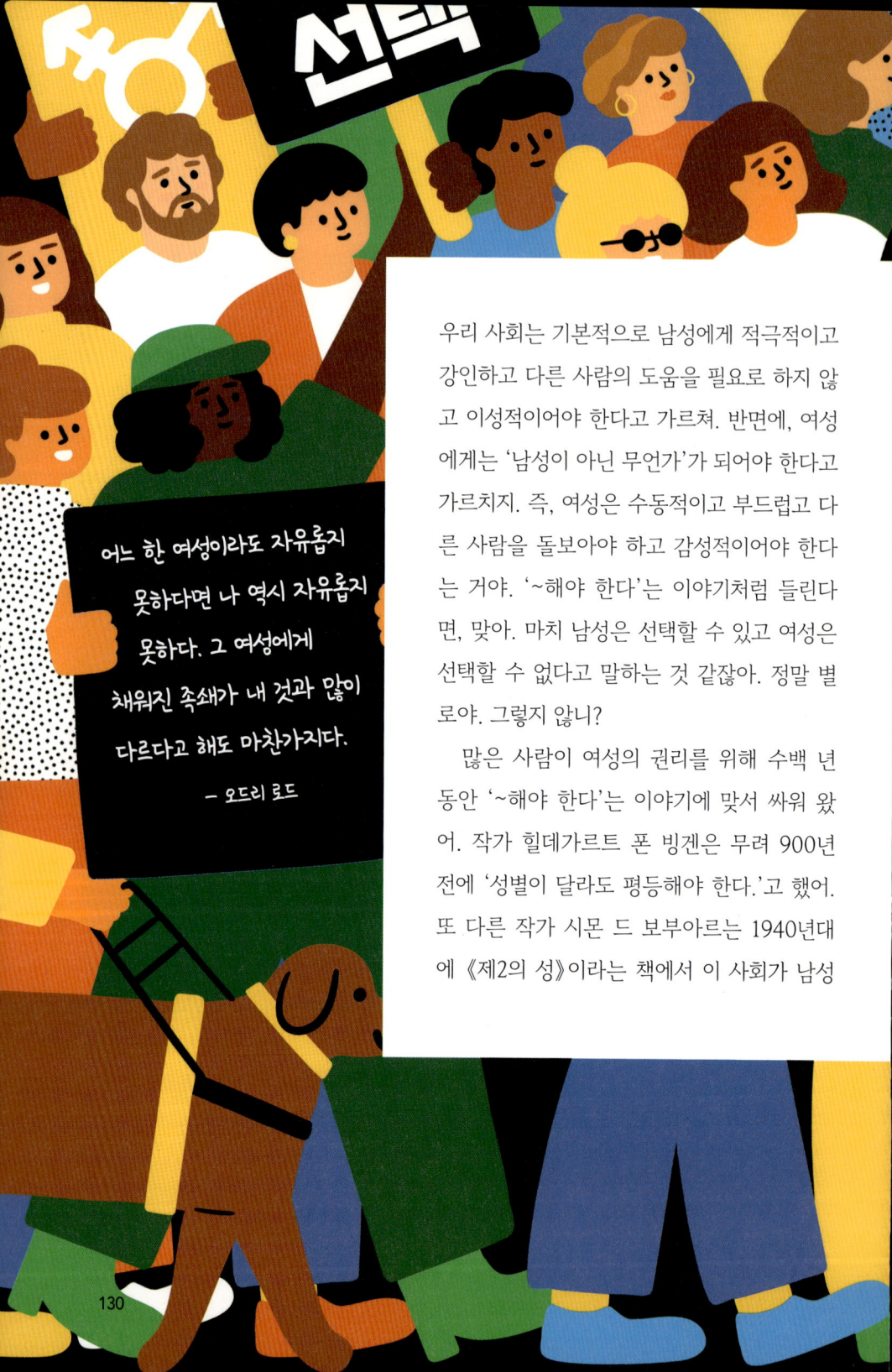

> 어느 한 여성이라도 자유롭지 못하다면 나 역시 자유롭지 못하다. 그 여성에게 채워진 족쇄가 내 것과 많이 다르다고 해도 마찬가지다.
> — 오드리 로드

우리 사회는 기본적으로 남성에게 적극적이고 강인하고 다른 사람의 도움을 필요로 하지 않고 이성적이어야 한다고 가르쳐. 반면에, 여성에게는 '남성이 아닌 무언가'가 되어야 한다고 가르치지. 즉, 여성은 수동적이고 부드럽고 다른 사람을 돌보아야 하고 감성적이어야 한다는 거야. '~해야 한다'는 이야기처럼 들린다면, 맞아. 마치 남성은 선택할 수 있고 여성은 선택할 수 없다고 말하는 것 같잖아. 정말 별로야. 그렇지 않니?

많은 사람이 여성의 권리를 위해 수백 년 동안 '~해야 한다'는 이야기에 맞서 싸워 왔어. 작가 힐데가르트 폰 빙겐은 무려 900년 전에 '성별이 달라도 평등해야 한다.'고 했어. 또 다른 작가 시몬 드 보부아르는 1940년대에 《제2의 성》이라는 책에서 이 사회가 남성

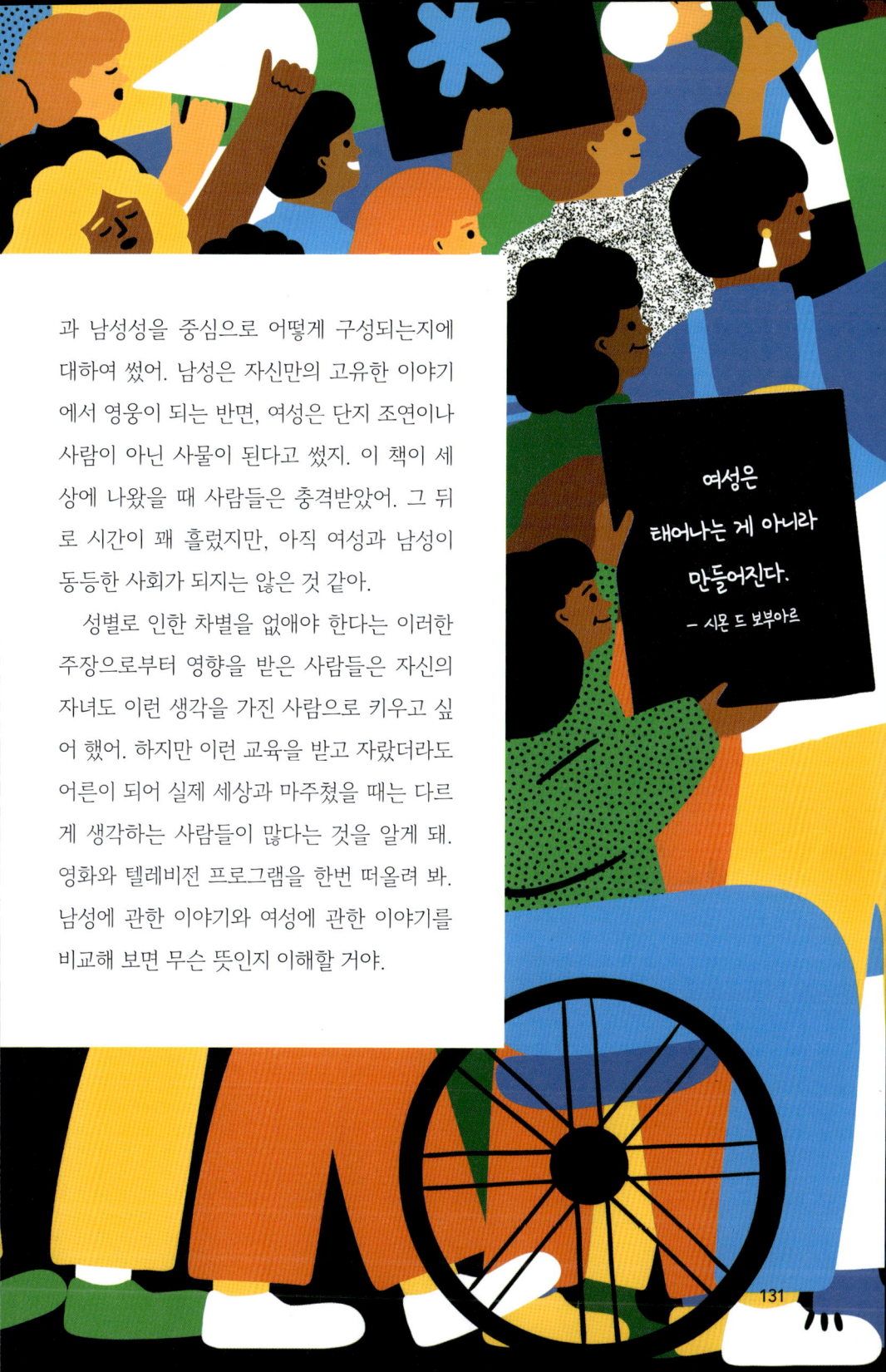

과 남성성을 중심으로 어떻게 구성되는지에 대하여 썼어. 남성은 자신만의 고유한 이야기에서 영웅이 되는 반면, 여성은 단지 조연이나 사람이 아닌 사물이 된다고 썼지. 이 책이 세상에 나왔을 때 사람들은 충격받았어. 그 뒤로 시간이 꽤 흘렀지만, 아직 여성과 남성이 동등한 사회가 되지는 않은 것 같아.

성별로 인한 차별을 없애야 한다는 이러한 주장으로부터 영향을 받은 사람들은 자신의 자녀도 이런 생각을 가진 사람으로 키우고 싶어 했어. 하지만 이런 교육을 받고 자랐더라도 어른이 되어 실제 세상과 마주쳤을 때는 다르게 생각하는 사람들이 많다는 것을 알게 돼. 영화와 텔레비전 프로그램을 한번 떠올려 봐. 남성에 관한 이야기와 여성에 관한 이야기를 비교해 보면 무슨 뜻인지 이해할 거야.

> 여성은 태어나는 게 아니라 만들어진다.
> – 시몬 드 보부아르

성차별, 성 정체성, 페미니즘 이런 이야기를 본격적으로 꺼내려는 건 아니야. 하지만 남성과 여성이 함께할 때 동의가 매우 중요하다는 점은 알아 두자. 사실 이건 이미 많은 사람들이 알고 있는, 널리 알려진 이야기지.

남성은 활동적이고 적극적이어서 다른 사람과 함께 원하는 일을 할 수 있고 결정을 내리는 역할을 해야 한다고 배워. 여성은 수동적이어서 다른 사람이 선택할 때까지 기다려야 한다고 하고. 이 자체로도 이상하지만, 이걸 성관계에 그대로 적용하면 문제가 더 커져. 성관계를 많이 가지는 남성이나 여성이 있을 때 이 둘을 각각 어떻게 묘사하는지 떠올려 봐. 성에 관심이 많은 남성은 높은 지위에 있는 것처럼 표현하지만, 여성은 부끄러운 일인 것처럼 표현해.

세상이 더 완전해지기 위해서 '~해야 한다'는 이야기가 필요하다면 그건 '남성이 동

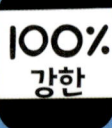

의하는 법을 더 많이 배워야 한다.'일 거야. 안타깝게도 많은 남성이 어떻게 질문하고 요청해야 하는지, 어떻게 선택의 여지를 제시하며 어떻게 거절을 받아들여야 하는지, 이런 데에 능숙하지 않아. 고의든 아니든 간에 많은 남성이 힘을 사용하여 여성을 다치게 하고, 심지어 학대하기도 해. 물론 남성도 여성이나 다른 젠더의 사람들로부터 상처받을 수 있어. 하지만 통계 수치를 보면, 남성보다 여성이 원치 않는 성관계를 하도록 강요받는 경우가 많다는 걸 알 수 있어.

앞에서 본 것처럼 마음에 드는 피자 고르는 일도 쉽지 않았잖아? 인사나 성관계에서 서로 동의할 수 있는 방법을 찾고 맞춰 나가는 일은 훨씬 더 어려웠지. 여성과 남성이 자유와 선택에 관해 사회나 다른 이들로부터 서로 다른 메시지를 받는다면, 그 어려움은 더욱 커질 거야. 이제 다른 차별에 대해서도 알아보자.

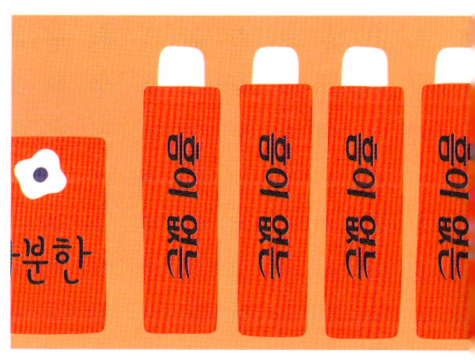

11장
차별이 동의를 어렵게 만드는 이유

성차별은 남성과 여성이 함께 원하는 일을 하는 걸 어렵게 만들어.

성차별이 있으면 한쪽은 자유롭게 선택하기 어려워. 이제 몇몇 다른 차별에 대해서도 이야기하려고 해. 차별은 무엇이든 마찬가지야. 공정하고 평등한 세상을 만들기 위해서는 아직 해야 할 일이 많아.

인종 차별

우리가 사는 세상의 많은 부분이 백인을 위하여, 백인에 의하여 만들어졌어. 그래서 백인이 아닌 사람들은 주체적으로 행동하고 선택할 권리와 자유에 제약을 받곤 해. 유색 인종은 백인보다 제도나 권력에 의해 합의되지 않은 방식으로 취급되는 경우가 많아. 검은색, 황색 등의 피부를 가진 사람은 폭력이나 괴롭힘 등으로 자주 공공연하게 피해를 입는다는 뜻이야.

계급 차별

재산이나 직업 등에 따라 사람들을 몇몇 계급으로 나누고, 그 계급에 따라 차별하는 것을 '계급 차별'이라고 해. 계급 차별이 벌어지면 높은 지위를 가진 부유한 사람들이 그렇지 않은 사람들보다 선택할 권리와 힘을 더 많이 갖게 돼. 이 세상에는 경제적인 이유로 무슨 음식을 먹고 무슨 영화를 볼지 선택할 수 없는 사람들이 엄청나게 많아.

성 정체성에 의한 차별

타고난 생물학적 성과 성 정체성이 일치하지 않는 사람들이 있어. 동성애자나 양성애자가 이에 해당해. 이들을 혐오하는 사람들은 같은 성별의 사람을 사랑하는 일이 아주 어려운 것이라고 여기고, 동성애나 양성애를 옳지 못한 것으로 치부해. 그래서 동성애자나 양성애자들은 쉽게 폭력과 차별을 당하지.

장애에 의한 차별

장애를 가진 사람들은 종종 우리 사회의 일원으로서 함께 할 능력이 없는 것처럼 취급을 받아. 하지만 그건 그 사람들의 잘못만은 아니야. 우리 사회가 장애를 가지지 않은 사람들이 일을 더 잘하고, 더 많은 자유와 선택할 권리를 갖도록 되어 있기 때문이지.

우리는 이러한 모든 차별을 박살내야 해. 함께 차근차근 단계를 밟아 나가자. 먼저 우리가 가진 기회나 자유, 혜택이 저마다 다르다는 걸 기억하자. 어떤 조직이나 사회에서는 그 사람이 누구냐에 따라 그 사람이 가진 권리를 인정하지 않아. 어떤 사람은 다른 사람보다 원하는 것을 선택할 자유를 더 많이 누리지만, 사회로부터 낙인이 찍히거나 수치스런 경험을 한 사람들은 자신이 원하는 걸 요구하기가 어렵지.

어떤 경우에는 인종 차별, 성 차별, 계급 차별 등 여러 차별이 함께 영향을 미치기도 해. 예를 들어 어떤 사람이 백인이라서 더 많은 선택의 자유를 누린다고 해 보자. 그런데 그 사람이 장애를 가졌다면 자유의 범위가 줄어들 거야.

따라서 동의에 대한 이야기를 나누려면 우리가 모두 다르다는 사실을 기억해야 해. 각자 경험한 차별이 다르고, 어떤 영향을 받았는지도 모두 달라. 누군가가 그저 그들 자신이라는 이유로 주목을 받고 낙인이 찍히고 위협을 당했다면, 그 사람은 특정한 시간과 장소에서 몸과 마음이 위축될 거야.

그 사람만이 가진 고유한 특징과 더불어 어떤 경험을 했느냐는, 자기 자신에 대한 생각이나 느낌에 영향을 줄 수 있어. 어릴 적에 무시나 왕따, 괴롭힘을 당한 경험이 있거나, '너는 매력적이지 않아.', '너 같은 애는 너그럽게 대하면 안 돼.', '너는 원하는 걸 요구할 수 없어.' 같은 나쁜 말을 들은 적이 있다면 원하는 걸 선택할 수 없다고 느낄 테니까.

힘의 차이

자신의 정체성이나 경험 때문에 자라면서 선택의 폭이 좁아진 사람이 다른 사람을 만난다면 어떨까? 어떤 한 사람이 다른 사람보다 더 많은 것을 선택할 수 있는 힘을 가졌다면, 어떤 음식을 먹고 어떤 영화를 보고 어떤 인사를 나눌지를 어떻게 정하게 될까?
여기 몇 가지 예가 있어. 사실 내가 지어낸 거지만 한번 보렴.

1년 정도 사귄 친구들이 있어. 난 걔네가 좋아. 난 내 자신이 별로 매력적이지 않은 것 같은데, 친구들 중에는 모두한테 인기 있는 애가 있어. 그 애는 나보다 친구도 많아. 친구들하고 사이가 멀어질까 봐 걱정돼.

나한테 좋은 게임이 많거든. 그래서 친구가 오면 원하는 게임을 마음껏 하라고 하곤 해. 잘난 척하는 것처럼 보이지 않으려고 조심하지만, 사실 친구한테 선택의 여지를 많이 주니까 내가 좋은 사람인 것처럼 느껴져. 친구는 학교에 오면 항상 나를 찾아. 그리고 자기 친구들 무리에 끼워 줘. 뭐, 내가 준 만큼 받는 거지.

내 친구랑 나는 진짜 친해. 근데 난 왕따를 당한 적이 있거든. 그래서 사람들을 믿는 게 어려워. 친구는 이런 문제는 전혀 없고, 나한테도 항상 친절해. 좋은 음악이나 영화를 알려주고, 자기 친구들한테 나를 소개시켜주기도 했어. 나는 친구가 하자는 대로 따라 해. 친구가 나를 지루하게 여기고 같이 놀기에 재미없다고 생각할까 봐 걱정돼. 그래서 나 말고 다른 친구하고 더 친해지면 어쩌지?

주변 친구들은 모두 나보다 부유한 집에서 자랐어. 그래서 친구들하고 함께 어울리지 못할 때가 있고, 종종 소외감을 느껴. 나는 할 수 없는 일을 자기들끼리 하고서 그 이야기를 할 때면 나만 따돌림당하는 것처럼 느껴지거든. 그러면 더 이상 친구들 사이에 낄 수 없을 것 같은 기분이 들어.

다른 사람들은 자신만만해서 원하는 대로 하는 것 같은데 나는 그저 하자는 대로 하는 편이야. 그럭저럭 괜찮은 것 같긴 해. 하지만 진짜 내가 원해서 하는 건 아니어서 어떻게 해야 할지 잘 모르겠어.

난 장애가 있어. 그래서 사람들한테 뭐가 필요한지 자주 이야기해야 해. 몇 년에 걸쳐 내가 원하는 바를 다른 사람에게 전하는 요령을 터득했고, 이제는 꽤 자신이 생겼어. 내 친구들은 나한테 필요한 게 뭔지, 어떻게 해야 하는지 잘 알아. 나한테뿐만 아니라 다른 사람들한테도 뭐가 필요한지 먼저 물어보더라고. 나처럼 장애를 가진 사람들에게 어떻게 힘을 실어 줄 수 있는지 내가 가르쳐 준 셈이야.

처음에 성관계를 할 때, 남자 친구는 내가 뭘 좋아하는지 계속 물어봤어. 그때는 대답하기가 곤란했지만, 시간이 지나면서 우린 서로 신뢰를 쌓았고 덕분에 내가 좋아하는 걸 쉽게 말할 수 있게 되었어. 하지만 여자가 성관계를 좋아한다고 하면 헤퍼 보인다고 하는 사람도 있잖아. 이상한 일이지. 난 이제 그렇게 느끼지 않아.

자기한테 유리한 상황을 만들기 위해 사람들이 어떤 일을 하는지 알겠니? 아마 너도 비슷한 경험을 했을 거야. 어쩌면 위 예시들과 반대 상황에 놓였을지도 모르지. 그때 어떻게 했니? 한 사람이 다른 사람보다 더 많은 선택과 자유를 누릴 수 있는 힘을 가지면, 둘의 관계에서는 힘의 차이가 생겨. 그런데 우리는 이러한 차이를 잘 알아채지 못할 수도 있어. 그래서 항상 동의에 대해 인식해야 해. 서로가 더 많은 선택의 여지와 자유를 누릴 수 있도록, 더 많이 질문하고 더 많이 귀를 기울이고 상대방에게 무슨 일이 일어나고 있는지 알아채고 때로는 하고 싶은 일이더라도 하지 말아야 한다는 뜻이야.

12장

동의로 서로에게 힘 실어 주기

토니 모리슨이라는 작가가 학생들에게 한 말이야.

"훌륭한 교육을 받고 좋은 직업을 갖게 되었을 때,
여러분의 진짜 과제는 여러분 자신과 다른 사람을
자유롭게 하는 것임을 기억하세요. 여러분에게 힘이 있다는 것은,
여러분의 일이 다른 누군가를 돕고 힘을 실어 줄 수 있다는 뜻입니다.
일이라는 건, 서로 빼앗고 빼앗는 게임이 아닙니다."

이제는 동의 이야기가 우리 자신이나 사람들과의 관계에 관한 것만이 아니라는 걸 깨달았을 거야. 동의는 이 세상에 관한 거고, 또 우리가 사는 사회 구조에 관한 거야.

**모두가 똑같이 자유롭게 선택할
권리와 힘을 가질 수 있도록 하려면
우리가 가진 선택할 권리와 자유, 힘을
어떻게 사용해야 할까?**

우리가 모였을 때 생기는 '선택할 수 있는 힘'을 어떻게 사용해야 세상을 더 공평하고, 더 공정하고, 더 평등하게 만들 수 있을까? 학교에서 또는 이웃과 친구, 가족에게 무엇을 할 수 있을까?

동의를 실천하기 위해 정치에 참여하고 적극적으로 행동하는 일은 정말 중요해. 사람들이 **#미투 #흑인의 생명도 소중하다 #장애인의 권리**와 같은 캠페인에 참여하는 이유야. 학생들에게 인간관계와 성에 관해 더 잘 가르쳐야 하는 이유이고, 기후 변화를 위해 시위하는 이유이기도 해. 이러한 일들 또한 동의를 실천하며 진행해야 해. 사람들에게 무엇을 원하고 필요로 하는지 묻고, 어떻게 도움을 주고, 함께 일해야 하는지에 대해 지속적으로 대화를 나누어야 하지.

우리 모두 매일매일 서로에게, 또 주변 모든 것에 대해 더 많이 동의하기 위해 노력해 보자. 자기 자신과 서로에게 선택의 여지와 자유, 선택할 수 있는 힘을 최대한 많이 주는 법을 배우자. 쉽지 않더라도 일상생활에서 꾸준히 노력하자. 내가 지지하는 단 한 가지, '~해야 한다'는 이야기가 바로 이거야.

초콜릿을 고르는 방법

피자를 고를 때처럼, 난 내가 원하는 초콜릿을 떠올리는 데에도 많은 시간을 들여. 가끔 처음 본 걸 그냥 집는 바람에 잘못 고를 때가 있어. 그래서 다음에 먹을 초콜릿을 정하는 데에 필요한 몇 가지 질문을 준비했어. 만약 네가 초콜릿을 좋아하지 않는다면, 과자나 음료 또는 과일을 고르면 돼.

용돈을 얼마나 쓸 수 있니?

고소한 맛
고소한 맛

얼마나 커야 할까?

초콜릿 함량이 얼마나 되면 좋겠니?

새로운 걸 시도해 보고 싶니? 아니면 평소 좋아하는 걸 먹기를 원하니? 아니면 한동안 먹지 못했던 걸 원하니?

달달한 게 좋아, 아니면 조금 쌉쌀한 게 좋아?

캐러멜이나 과일, 건포도, 견과류나 과자가 섞인 건 어때?

화이트 초콜릿이나 밀크 초콜릿, 다크 초콜릿 중 어떤 게 좋니?

무엇을 볼지 선택하는 방법

다른 사람과 함께 무엇을 볼지 선택해야 할 때, 앞에서 배운 내용을 떠올리며 다음 질문에 답을 해 봐.

무엇을 보고 싶니?

 TV

 영화

어떤 종류를 보고 싶니?

 가벼운　 편안한

 진지한　 생각하게 하는

 쉴 수 있는　 재미있는

어떤 종류에 관심 있니?

 드라마　 공포

 스릴러　 다큐

 코미디　 로맨스

둘 중 어떤 거?

 전에 봤던 것

 새로운 것

셋 중 어디에 속하니?

● 빨강 (공포를 불러일으키는 것)

● 노랑 (사람마다 다르겠지만, 네겐 괜찮은 것)

● 초록 (누구나 보면 좋은 것)

어떻게 보고 싶어?

 그냥 틀어만 놓을래.

 보면서 수다 떨고 싶어.

 보면서 잠깐 핸드폰 확인하는 건 괜찮아.

 집중해서 봐야 해.

 심각하지 않게 웃으면서 보고 싶어.

계속 보고 싶은지 아닌지 어떻게 확인하지?

 잠깐 멈추기

 화장실 가려고 할 때마다 확인하기

 멈추지 않고 쭉 이어서 보겠다고 미리 합의하기 (빨강 등급이 아닌 한)

최근에 나눈 인사 다섯 가지

네가 누군가와 나눈 인사를 다섯 가지 떠올리고, 각각에 대해 다음 질문에 답해 봐.

누구와 인사했니?

어떻게 인사했니?

얼마나 좋았니?

-10 -------- 0 -------- +10
끔찍했어.　　별로였어.　　좋았어.

네가 원하는 방식이었니, 아니면 상대방이 더 원하는 방식이었니?

상대방에게 더 좋은 인사
서로에게 좋은 인사
너에게 더 좋은 인사

그 인사는……

꼭 해야 하는 인사였니?

서로에게 잘 맞추었니?

천천히 서로가 원하는 방식이 무엇인지
세심하게 주의를 기울였니?

**네가 원하는 인사를 하는 것이
더 어렵거나 더 쉬운 이유가 무엇이었을까?**

힘이 동등했다. / 힘이 동등하지 않았다.
어색했다. / 편안했다.
시간이 충분하지 않았다. / 시간이 많았다.
자신이 없었다. / 매우 자신만만했다.
상대방이 인내심이 있었다. / 상대방이 인내심이 없었다.

다음에 인사할 때 어떻게 하면 좋을지 네가 배운 내용을 적어 봐.

**네 인사가 더 좋아지려면 상대방이 어떻게 하면 좋을까?
상대방에게 가르쳐 주고 싶거나 요구하고 싶은 게 있니?
무엇이니?**

자유롭게 선택할 수 있는 사람은 누구?

마지막 두 장에서 서로 다른 정체성이 동의에 어떤 영향을 미치는지 알아보았어. 이 연습은 그에 대해 더 자세히 이해하는 데에 도움이 될 거야. 서로 다른 정체성을 가진 여섯 캐릭터를 만들어 보자.

원하면 캐릭터를 그려도 돼. 잘 아는 게임에서 여섯 등장인물을 골라도 좋아. 그림을 오려서 연습에 활용해 보자. 상상력을 발휘하면 더 재미있을 거야.

캐릭터를 만들 때 고려해야 할 사항 :

이름, 젠더, 생김새, 나이, 직업, 인종, 장애 여부, 계층, 종교,

재산, 성생활, 친구들, 취미, 다섯 가지 특징

　이들은 가정, 학교, 지역 사회에서 어떻게 살아갈까? 주변 사람들로부터 좋은 대접을 받을까? 얼마나 공평하게 대우받을까? 사람들은 이들에게 무엇을 기대할까? 자신의 몸을 어떻게 생각할까?

　이제 우리가 이 책에서 배운 것들을 떠올려 보자. 자신이 원하는 걸 요구할 때 꽤 자신감을 느끼는 캐릭터는 누구일까? 둘씩 짝을 지었을 때 한 캐릭터가 다른 캐릭터에게 자기가 원하는 걸 말하기 어려워하는 커플이 있을까? 먹고 싶은 피자를 먹은 캐릭터는 누구일까?

개념 정리

동의 자기 자신에 대하여, 다른 사람과 함께할 때, 집단 안에서, 사회 속에서 어떤 일을 할 것을 선택할 자유가 있음을 뜻하는 말이다.

자유 다른 사람들이 원하는 일을 막지 않으면서도, 우리가 원하는 것은 무엇이든 할 수 있는 능력.

선택할 권리를 가진다 스스로 결정을 내릴 수 있는 힘이 있다는 뜻이다.

선택의 여지가 있다 결정을 내릴 때 다양한 선택 사항을 갖는 것을 말한다. 언제나 선택의 여지가 있는 것이 좋지만, 때때로 선택의 여지가 너무 많아도 선택하기가 어렵다. 그것이 우리의 선택이라면 가끔은 아무 선택을 하지 않는 것도 괜찮다.

질문과 요청 우리를 위해, 그들을 위해, 또는 서로를 위해 무언가를 하도록 다른 사람들에게 해야 하는 일.

'~해야 한다'는 이야기 우리가 무엇을 해야 하는지에 대해 스스에게 하는 이야기. 또 우리에게 들리는 이야기. '피자에 딸기를 얹지 말아야 한다.'거나 '양말을 서로 다른 색으로 신지 말아야 한다.'처럼 무엇이 옳고 윤리적인가가 아니라, 무엇이 '정상'인지와 관련이 있다.

예 누군가 어떤 일을 하기를 원할 때 하는 말. 상대가 정말 하고 싶어 하는지를 확실히 알고 싶다면 '예'와 '아니요' 말고 다른 선택의 여지를 주어야 한다.

아니요 누군가 '아니요'라고 하면, 그건 그들이 그 일을 원하지 않는다는 것을 뜻한다. 그런데 아무 말을 하지 않고 '아니요'라고 표현할 수 있는 방법도 많다. 그래서 누군가가 '아니요'라고 하지 않더라도, '아니요'라는 뜻을 표현하는 것일 수 있다.

아마도 '예'와 '아니요' 사이의 어딘가에 속하는 말. 누군가 무언가를 하자고 질문을 했을 때 '아마도'라고 대답해도 괜찮다. 그 일을 어떻게 할 건지에 대한 정보가 부족해서 나온 대답일 수 있다. 물론, 그냥 아닐 수도 있다.

알아채기 모든 감각을 동원하여 자신과 상대가 무엇을 하고 싶어 하는지, 또는 하고 싶어 하지 않는지 알아내는 일. 자신과 다른 사람들에 대하여 또 천천히 주의를 기울여 '~해야 한다'는 이야기를 살펴보는 일이다.

자기 돌봄 가장 알맞는 방식으로 자기 자신을 돌보는 것. '자기 자비'라고도 한다. 자신이 가진 선택하는 힘을 사용하여 스스로에게 동의하는 일.

인사 서로 만나면 하는 말이나 행동, 악수, 주먹 치기, 경례 같은 것들.

성관계 혼자서 또는 다른 사람과 함께 성적 흥분을 유발하려고 의도하는 모든 활동. 성관계라고 간주되는 것에 대해서도 '~해야 한다'는 이야기가 있지만, 실제 성관계는 꼭 그렇게 해야 한다는 이야기에 들어맞지 않을 만큼 매우, 매우 다양하다.

남성 남성에 대한 '~해야 한다'는 이야기는 그들이 적극적이고, 강인하고, 다른 사람을 돌보지 않고, 이성적이라는 것이다. 남성은 이래야 하고 여성과 그 밖에 다른 젠더는 이렇게 하는 것이 허용되지 않는다는 말들은 모두에게 좋지 않다.

여성 '~해야 한다'는 이야기는 여성에게 그들이 남성과는 정반대여야 한다고 말한다. 여성은 수동적이고, 부드럽고, 다른 사람을 돌보고, 감성적이어야 한다는 것이다. 이러한 말은 성차별적이고 잘못된 것이며, 여성과 남성 모두에게 좋지 않다. 특히 우리가 선택과 자유, 동의에 대해 이야기할 때 더욱 그렇다.

집단이 가진 선택할 권리와 힘 한 사람 한 사람 개인의 힘을 합친 것. 또한 재미있고 흥미로운 일을 함께할 수 있도록 하는 것.

차별 어떤 사람들은 그들의 정체성 때문에, 차별받지 않는 사람들보다 선택할 권리와 힘을 적게 가진다. 장애인 차별, 인종 차별, 성차별 등이 있다.

성차별 단지 여성이라는 이유로, 여성이 남성보다 선택할 힘과 권리, 자유를 적게 가져야 하는 것. 그래서 여성이 안전하며 동등하게 평가받고 존중받는다는 느낌을 덜 받게 만드는 일.

무성애 성적인 매력이나 욕망을 전혀 경험하지 않거나 거의 느끼지 않는 것을 말한다.

트랜스젠더 생물학적으로 타고난 성별과 성 정체성이 일치하지 않는 모든 사람.

동성애·양성애·트렌스젠더 혐오 성 정체성 때문에 동성애자나 양성애자, 트렌스젠더에게 이성애자보다 선택할 힘과 권리, 자유가 덜 주어지는 것. 또한 동성애자나 양성애자, 트렌스젠더라는 이유로 괴롭힘과 성희롱을 당하고 공격을 받는 일이 생기는 원인.

인종 차별 유색 인종이 백인보다 선택할 힘과 권리, 자유를 덜 갖는 것. 인종 때문에 공평하게 대우받지 못하고 폭력이나 차별을 겪어야 하는 것.

장애인 차별 정상인 신체를 중심에 놓고 생각하는 것, 사회가 장애가 있는 사람들을 위한 방식으로 돌아가지 않기 때문에 장애가 있는 사람들이 선택할 권리와 힘, 자유를 더 적게 가지는 것.

페미니즘 성차별주의에 맞서는 운동, 힐데가르트 폰 빙겐과 시몬 드 보부아르, 오드리 로드 등이 유명한 페미니스트이다.

정치 모든 사람이 평등하고 동의하는 세상을 만들기 위해 우리의 선택할 힘을 모아 참여하는 일.

작가의 말

나와 함께 동의에 대하여 공부한 모든 학생에게 가장 먼저 큰 감사를 전합니다. 그들을 가르치는 입장이었지만, 나 역시 그들에게서 많은 것을 배웠습니다. 그들의 통찰력은 동의에 대하여 생각하는 데에 도움이 되었고, 이 책에 그 내용이 담겨 있습니다.

내가 일할 수 있도록 지원해 준 모든 분께도 감사를 전합니다. 동료 맥-존 바커와 함께 일하면서 동의와 관계, 사랑과 정치, 성에 관하여 배운 바가 많습니다. 원고를 읽고 도움을 준 엘리너 제너 박사, 내가 하는 일을 격려해 준 가족과 친구, 멋진 삽화를 그려 준 푸크시아 맥커리에게도 감사의 마음을 전합니다. 이들 덕분에 나는 많이 웃었으며, 감동의 눈물도 조금 흘렸답니다!

— 저스틴 행콕

이토록 매력적이고 재미있으며 유익한 글을 써 준 작가에게 고맙습니다. 그의 글에 생명을 불어넣을 수 있어서 정말 기뻤습니다! 늘 그랬듯이, 아이디어와 도움을 준 살 오할로란과 루안 반 플릿에게, 또 항상 친절하게 힘이 되어 주는 시아란에게도 감사를 전합니다. 아직 얘기하지 않았지만, 이 책에 나의 친구들을 몰래 그려 넣었습니다.(한번 찾아봐!) 그들에게도 고맙습니다.

— 푸크시아 맥커리